分享阅读大师的读书心得，帮助我们学会选书、学会阅读，养成良好的阅读习惯。

让阅读成为一种习惯

向亚云◎编著

读书，未来一定会遇见更好的自己。

胸有文墨怀若谷，腹有诗书气自华，
你读过的书、走过的路、做过的事、爱过的人，都藏在你的气质里！

一生只在学生时期读点书的时代已经远去，唯有坚持每天读书、定期"充电"、不断更新，久之，成为一种习惯，才能储藏巨大的能量。

人民日报出版社

图书在版编目（CIP）数据

让阅读成为一种习惯 / 向亚云编著. -- 北京：人民日报出版社，2017.6
ISBN 978-7-5115-4760-6

Ⅰ. ①让… Ⅱ. ①向… Ⅲ. ①读书方法 Ⅳ. ①G792

中国版本图书馆 CIP 数据核字（2017）第 149757 号

书　　名：	让阅读成为一种习惯
作　　者：	向亚云
出 版 人：	董　伟
责任编辑：	刘天一
封面设计：	陈国风
出版发行：	人民日报出版社
地　　址：	北京金台西路 2 号
邮政编码：	100733
发行热线：	（010）65369527　65369846　65369509　65369510
邮购热线：	（010）65369530　65363527
编辑热线：	（010）65369844
网　　址：	www.peopledailypress.com
经　　销：	新华书店
印　　刷：	北京柯蓝博泰印务有限公司
开　　本：	710mm×1000mm　　1/16
字　　数：	180 千字
印　　张：	13.5
印　　次：	2017 年 8 月第 1 版　　2017 年 8 月第 1 次印刷
书　　号：	ISBN 978-7-5115-4760-6
定　　价：	38.80 元

前言 Preface

  关于读书的好处,已经被前人反反复复、复复反反地说无数遍了,所谓"明理、知礼、益智、增识""修身、养性、明心、见真""经世、致用、治国、齐家"……不胜枚举。所以古人说:"万般皆下品,唯有读书高""几百年世家无非积德,天地间好事还是读书"。国外也有"书籍是人类进步的阶梯""书籍是造就灵魂的工具""读史使人明智,读诗使人灵秀,数学使人周密,物理使人深刻,伦理使人庄重,逻辑与修辞使人善辩"这样睿智的名言。读书,无论是对于一个人、一个组织,还是对于一个民族、一个国家,其重要性都是不言而喻的,它直接决定了一个人的修养和境界,关系到一个民族的素质和力量,影响到一个国家的前途和命运。读书的好处数之不尽,读书的好处人人皆知。

  中华民族历来推崇读书,立身以立学为先,立学以读书为本,不论居庙堂之高还是处江湖之远,繁华都市还是乡村僻壤,都以读书为荣,以读书为要,以读书为尊。然而现在读书的习惯却似乎越来越远,越来越难寻踪了。据调查显示,我国虽然是世界上年出版图书数量最多的国家,但是国人的阅读现状并不乐观。从每年人均图书阅读量来看,韩国为11本,法国为8.4本,日本为8.5本,美国为8.7本。《2013—2014中国人阅读指南报告》中显示,2013年中国国民人均纸质图书的阅读量仅为4.77本，比日本、犹太人等都少得多，而一份《中国城市阅读指数研究报告》指出，2014年我国成年人人均阅读纸质图书4.56本，远远低于欧美日韩。阅读现状令人担忧。

正因为此，2014、2015连续两年，"全民阅读"被写入《政府工作报告》，全面倡导全民阅读，引导全民"把阅读当作一种生活方式"，以促进全社会形成读书风气，促进国人养成阅读习惯，以期提升全民素质，成就"书香中国"。这样做的意义无疑是重大的。倡导全民阅读，培养良好的读书习惯，在网络和手机"轻阅读""浅阅读""泛阅读"的同时，促使人们爱上经典、多读名著，真正形成爱书、读书、品书的良好氛围，无疑对提升全民素质、促进"大众创业"和"万众创新"都有巨大的推动作用。所以，花更多的心思和更大的功夫来倡导"全民阅读"，来引导更多的人"把阅读当成一种习惯"，意义无穷。

书籍是全世界的营养品，生活里没有书籍，就好像没有阳光；智慧中没有书籍，就好像鸟儿没有翅膀。让阅读成为一种习惯，就是让我们的生活充满阳光，让高飞的心灵拥有翅膀，让每一个人，都得到高贵、优雅、充满情趣的营养。

目录 Contents

第一章 爱上阅读，让心灵诗意地栖居

> 阅读，带你领略世界大好河山，带你放飞自由的灵魂，带你穿越时空，带你打破常规。爱上阅读，让心灵放飞，让时间定格，让思想自由翱翔，诗意地栖居于优雅的大地上。

- 002 1. 腹有诗书气自华
- 005 2. 三日不读书，面目可憎
- 009 3. 阅读，让灵魂高贵
- 012 4. 爱读书的人沉稳而从容
- 016 5. 爱上阅读，爱上优雅的人生

第二章 摒弃功利之心，享受阅读的快乐

> 阅读是快乐的事情，是心灵的享受。摒弃功利之心，沉入书香之中，为阅读而阅读，为享受阅读而阅读，就会乐趣无穷。

026	1. 读书之乐乐陶陶，阅读是最简单的快乐
030	2. 阅读是修养身心的最好方法
033	3. 多一些好奇心，从书中获得智慧
036	4. 少一些功利心，享受更多的乐趣
041	5. 为阅读而阅读，风吹哪页读哪页的快乐
042	6. 避开阅读的误区

第三章 从兴趣出发，选择自己爱读的书

> 因为喜欢，所以追求；因为喜欢，所以执着；因为喜欢，所以乐此不疲。选择自己喜欢的书，因为兴趣才读书，多读有用的好书。书中自有颜如玉，书中自有黄金屋。

046	1. 开卷有益，只要愿读就有收获
050	2. 读书，从选一本好书开始
053	3. 如何选到自己心仪的书
058	4. 聪明读历史，汲取前车之鉴
061	5. 浪漫读诗歌，涵养高华的气质
067	6. 庄重读经典，从名著中领略经典的魅力
072	7. 理性读小说，在阅读中体会人间的百态
076	8. 开阔眼界读科普，探索未知的秘密
078	9. 自我提升读专业，汲取实用的技能

第四章 做好阅读规划，充分利用时间

> 阅读不能盲目地读，一定要做好规划，有计划地读，充分

利用时间，支配时间，这样才能做到高效阅读，从阅读中汲取更多有用的营养。

084　1. 让自己的手边有几本可读的书
087　2. 追求阅读数量不如保证阅读质量
089　3. 设定阅读目标，给自己订一个计划
091　4. 留出专门时间，每天阅读一点点
093　5. 充分利用碎片时间
097　6. 不自欺，阅读靠的是自觉
100　7. 别偷懒，书山有路勤为径

第五章　学会阅读的方法，掌握高效阅读的技巧

阅读是需要方法的。爱读书更要会读书才能真正读好书。掌握高效阅读的方法和技巧，既利于提升阅读效率，掌握更多知识，又有利于增强阅读的能力，培养阅读的习惯。

104　1. 营造良好的阅读氛围，读书是需要心境的
106　2. 探索适合自己的阅读方式
112　3. 读书要口到、手到、眼到
115　4. 快速阅读，从改掉逐字阅读的习惯开始
118　5. 深层阅读，从粗读到精读
121　6. 概括阅读，掌握略读技巧
124　7. 抓住重点，高效阅读
127　8. 运用工具书辅助阅读
132　9. 与时俱进，学会网络时代的阅读技巧

让阅读成为一种习惯

第六章 善于整理,获取阅读的精华

> 读书不能只是读读而已,泛泛而读汲取不到书中的精华。学会整理的方法,记下书中的精髓,并对全书有一个全面而深刻的了悟,才是真正掌握了书中的知识。

140	1. 阅读不仅仅是读
142	2. 不动笔墨不读书
145	3. 读书笔记怎么记
148	4. 关键知识的归纳和整理
153	5. 把握一本书的要旨
156	6. 从批点中获得精华
158	7. 分享读书心得
160	8. 向大师学习

第七章 懂得运用,通过阅读提升能力和素养

> 阅读可以提高文化素养,提升自我价值,也可以提升我们的能力,但要懂得运用的方法,让阅读正确地为我们效力。

166	1. 学以致用,实践是检验阅读的试金石
168	2. 书是智慧的源泉,通过阅读提升自我
171	3. 读书知礼仪,阅读滋养员工的书卷气
175	4. 爱读书会说话,机智幽默的口才源于阅读
178	5. 从阅读中领会做人处世的道理
180	6. 多读才会写,阅读是提升写作力的重要途径

183 | 7.把学到的专业技能运用到工作中去

第八章 持之以恒，让阅读成为一种习惯

> 把一件事做成功并不难，难的是坚持，一个人最大的本事，就是持之以恒地做一件事。阅读也是如此，坚持下来，养成阅读的习惯，一生沉迷书香，必然把我们带进更美好、更阔大、更雅致的世界。

188 | 1.阅读，是一辈子的事
190 | 2.给自己准备一个专属的书架
194 | 3.建立阅读的规矩，培养良好的读书习惯
197 | 4.随身携带一本自己喜欢的书
200 | 5.把读书作为一种生活方式
202 | 6.持之以恒，切忌半途而废

附 录 阅读习惯测试

第一章
爱上阅读,让心灵诗意地栖居

阅读,带你领略世界大好河山,带你放飞自由的灵魂,带你穿越时空,带你打破常规。爱上阅读,让心灵放飞,让时间定格,让思想自由翱翔,诗意地栖居于优雅的大地上。

1. 腹有诗书气自华

古人说"腹有诗书气自华",是说一个人爱读书、愿读书、会读书,不论长相如何、穿着如何,久而久之,其高雅清俊之气都会从内而外、自然而然地焕发出来,让这个人显得气质高华,不同凡俗,才华横溢,令人景仰。这是对读书人的一种无上的赞美。这句话原本是宋代苏轼的一句诗,出自《和董传留别》:"粗缯大布裹生涯,腹有诗书气自华。"

当时苏轼在凤翔府任职,贫困的董传与苏轼相识。董传当时的生活贫困,衣衫朴素,吃饭生活都十分艰难。但他饱读诗书,满腹经纶,平凡的衣着掩盖不住他清高的气质、雅致的情怀和正直的风骨,苏轼因此大受震撼,于是在回到长安后,便创作了这首七言律诗。全诗为:

粗缯大布裹生涯,腹有诗书气自华。
厌伴老儒烹瓠叶,强随举子踏槐花。
囊空不办寻春马,眼乱行看择婿车。
得意犹堪夸世俗,诏黄新湿字如鸦。

这一句"腹有诗书气自华"之所以广为传诵,就因为它经典地阐述了读书与人的修养的关系。"腹有诗书"指饱读诗书,满腹经纶,"气"可以理解为"气质"或"精神风貌"。这种"气",已经不是简单地指读书所带给人的儒雅之气,更指古代读书人所推崇的,在面对人生的失意和困窘时乐观豁达的态度。孔子的弟子颜回"一箪食,一瓢饮,在陋巷"而能"不改其乐";王勃在人生落魄时高唱"穷且益坚,不坠青云之志",都有这种清高之气在里面。董传身处贫穷,却始终保持着乐观向上的精神,追求着自己的人生目标,这正是感动苏轼的地方。

事实上,读书的人,真的是天生有一种文雅清俊、不同俗人的气质,因为读书使他的境界高了,胸襟广了,内心静了,脸上自然透露出一股清爽干净、高贵从容之气,这样的气质绝不是遍身罗绮或是一夜暴富的人所能拥有的。这样的气质就是中国人最为推崇的"书卷气",这种"书卷气"能使一个相貌平凡者让人刮目相看,不敢小视。爱读书的人,开口不俗,出口成章,让听的人也觉得趣味无穷。反之,不读书的人,蝇营狗苟,整天陷身于世网尘劳,困厄于名缰利锁,为钱为财,为名为利,苦恼烦心,身上只会有俗不可耐的气质,高华从何而来?

"腹有诗书气自华"的重心在"自"上面,它强调了华美的气质是饱读诗书的必然结果。中国的读书人向来把读书视为积累知识、增长学问的有效途径。读书的作用不仅在于占有知识,还在于提升人的精神境界。常读书,日积月累会使人脱离低级趣味,养成高雅、脱俗的气质。清代学者梁章钜说:"人无书气,即为粗俗气、市井气,而不可列于士大夫之林。"事实证明,读书与不读书,读书多与读书少的人,所表现出的内在气质与素质是绝不相同的。

台湾女作家三毛,是一个极爱读书之人,对"腹有诗书气自华"感受尤深。她说:读书多了,容颜自然改变,许多时候,自己可能以为看过的书籍都成过眼烟云,不复记忆,其实它们仍是潜在的，在气质里、在谈吐上、在胸襟的无涯，当然也可能显露在生活和文字中。

清末名相曾国藩在给儿子曾纪泽的信中说："人之气质，由于天生，本难改变，唯读书则可变化气质。古之精相法者，并言读书可以变换骨相。欲求变之之法，总须先立坚卓之志。"

三毛和曾国藩所说的改变，其实就是读书多了，在一个人身上自然而然焕发出来的高华之气。这样的气质绝对是任何其他的方法修炼不来的气质，是与众不同、不流凡俗、清俊优雅的书卷气质，是一举手一投足一开口之际所流露出来的天然的文雅和斯文的让人心仪和敬服的气质。

有这样气质的男子，文质彬彬，温润如玉，举手投足间尽显绅士风范；有这样气质的女子，周身散发着一股书卷气，气质温婉，书香氤氲。读书能让人与众不同，从气质、谈吐、行事作风、为人处世、胸襟、情怀……处处彰显你是一个读书人。那是浓妆艳抹、璀璨华服或是富甲一方、身处高位都达不到的境界。它是一种在优良品德的前提下，一种深沉的内涵，一种闪光的思想，一种璀璨的光芒。满腹经纶，是一种思想的净化、精神的升华。所以作家曹文轩说：

读书人与不读书人就是不一样，这从气质上便可看出。读书人的气质是由连绵不断的阅读潜移默化养就的。有些人，就造物主创造了他们这些毛坯而言，是毫无魅力的，甚至可以说是很不完美的。然而，读书生涯居然使他们由内到外获得了新生。依然还是从前的身材与面孔，却有了一种比身材、面孔贵重得多的叫"气质"的东西。我认识的一些先生，当他们安坐在藤椅里向你平易近人地叙事或论理，当他们站在讲台上不卑不亢不骄不躁地讲述他们的发现，当他们在餐桌上很随意地诙谐了一下，你会觉得这些先生真是很有神采。此时，你就会真正领略"书卷气"的迷人之处。

"腹有诗书气自华"，看气质就知道了。读书可以陶冶人的情操，升华人的思想，提升人的品位。善读书者，如入芝兰之室，久而不闻其香，而香却在骨子里。所以，不管你是男人还是女人，是学生还是员工，也不管是什么学历，有什么经历，都爱上读书吧。腹有诗书气自华，读书能使人修身养性，日积月累，不同凡俗的气质自然而然就会流露出来；亦能使人厚积薄发，成为你想成为的那个人。

2. 三日不读书，面目可憎

"士大夫三日不读书，则面目可憎，言语无味"，这是宋代大诗人、书法家、江西诗派的代表人物，江西修水人黄庭坚说的。他的原话是："士大夫三日不读书，则义理不交于胸中，对镜觉面目可憎，向人则言语无味。"意思是一个读书人要是三天不访书，不领会那些为人处世的道理，而沉于凡俗事务、陷于蝇营狗苟，照镜子时便会觉得自己面目可憎，对人说话也会言语无味。

这是黄山谷说这句话的本意。对于一个热爱读书的人来说，一天不读书，或许还能忍受，也无人看得出；两三天不读书，开始感觉无聊，而他人也能从你的脸上看出来，故而才说面目可憎；一周不读书，甚至一个月不读书，这对于古代的士人是简直无法想象的生活，肯定就会了无滋味。

林语堂在《读书的艺术》里，专门说到黄山谷的这个观点：

据我看来，关于读书的目的，宋代的诗人苏东坡的朋友黄山谷所说的话最妙。他说："三日不读，便觉语言无味，面目可憎。"他的意思当然是说，读书使人得到一种优雅和风味，这就是读书的整个目的。而只有抱着这种目的读书，才可以叫做艺术。一个人读书的目的并不是要"改进心智"，因为当他开始想要改进心智的时候，一切读书的乐趣便丧失净尽了。他对自己说："我非读莎士比亚的作品不可，我非读索福客勒斯的作品不可，我非读伊里奥特博士的《哈佛世界杰作集》不可，使我能够成为有涵养的人。"我敢说那个人永远不能成为有涵养的人。他有一天晚上会强迫自己去读莎士比亚的《哈姆雷特》，读毕好像由一个噩梦中醒转来，除了可以说他已经"读"过《哈姆雷特》之外，并没有得到什么益处。一个人如果抱着义务的意识去读书，便不了解读书的艺术。这种具有义务目的的读书法，和一个参议员在演讲之前阅读文件和报告是相同的。这不是读书，而是寻求业务上的报告和消息。

所以，依黄山谷氏的说法，那种以修养个人外表的优雅和谈吐的风味为目的的读书，才是唯一值得嘉许的读书法。这种外表的优雅显然不是指身体之美。黄氏所说的"面目可憎"，不是指身体上的丑陋。丑陋的脸孔有时也会有动人之美，而美丽的脸孔有时也会令人看来讨厌。我有一个中国朋友，头颅的形状像一颗炸弹，可是看到他却使人欢喜。据我在图画上所看见的西洋作家，脸孔最漂亮的当推吉斯透顿。他的髭须，眼镜，又粗又厚的眉毛，还有两眉间的皱纹，组合而成一个恶魔似的容貌。我们只觉得那个头额中有许许多多的思念在转动，随时会由那对古怪而锐利的眼睛里迸发出来。那就是黄氏所谓美丽的脸孔，一个不是脂粉装扮起来的脸孔，而是纯然由思想的力量创造起来的脸孔。讲到谈吐的风味，那完全要看一个人读书的方法如何。如果读者获得书中的"味"，他便会在谈吐中把这种风味表现出来；如果他的谈吐中有风味，他在写作中也免不了会表现出风味来。

林语堂还有一篇关于读书的小文，叫《读书与风趣》，对读书对人的气质变化、言语影响以及趣味人生，同样有精到的见地：

黄山谷说："三日不读书，便语言无味，面目可憎"这句名言含有至理。读书不是美容术，但是与美容术有关。女为悦己者容，常人所谓容不过是粉黛卷烫之类，殊不知粉黛卷烫之后，仍然可以语言无味，面目可憎。男女都是一样。我想到谢道蕴的丈夫王凝之。我想凝之定不难看，况且又是门当户对。道蕴所以不乐，大概还是王郎太少风趣。所以谢安问他侄女"王郎逸少子，甚不恶，汝何恨也？"道蕴答道："一门叔父，则有阿大、中郎；众从兄弟复有封、胡、羯、末，不意天壤之中，乃有王郎。"我个人断定，王郎是太不会说话，太无谈趣了。所以闺中日与一个虚有其表的郎君对坐，实在厌烦。李易安初嫁赵明诚，甚相得。何以？故因为志趣相同。后来明诚死于兵乱，易安再嫁一位什么有财有势的蠢货，懊悔万分。道蕴辩才无碍，这我们知道的。凝之弟王献之与宾客辩论，辞穷理屈。这位嫂子倒能遣侍女告诉小叔"请为小郎解围"。乃以青绫步障自蔽，把客人驳倒。这样看来，王郎也是一位语言无味的蠢材无疑，人而无风趣，不知其可也。

凡人之性格，都由谈吐之间可看出来。王郎太无意见了。处于今日，道蕴问他看电影，他也好，道蕴说不去，他也好。

要看西部电影,他也好,要看艳情电影,他也好。这样不把道蕴气死了吗?红楼梦大观园姊妹,都是在各人的说话中表达出来。平儿之温柔忠厚,凤姐之八面玲珑,袭人之伶俐涵养,晴雯之撒泼娇憨,黛玉之聪慧机敏,宝钗之厚重大方,以至宝玉之好说怪话,呆霸王之呆头呆脑,都由他们的说话中可以看出。你说读书所以养性也可以,说读书可以启发心灵、增加风趣也可以。只是语言无味,面目可憎,断断不可以。

谢道韫有"咏絮"之才,当然是一个机灵善辩、语露机锋的伶俐之人。对一个木讷无趣,不善言辞的"王郎",心有不喜,也是当然了。林语堂的意思,是读书是让人风趣幽默、善谈好谈的源头。不喜读书之人,说起话来当然也会粗俗呆板,无趣无味,太没有意思。

书是文人士子精神世界最强大的支撑,有书的日子,才有亮色,有希望,有激情。所谓"书中自有黄金屋,书中自有颜如玉,书中自有千钟粟",一切的欲望和追求,都可以从书中找得到。若是三天不读书,心会浮躁,行为无控,言语粗俗,自己也会讨厌自己了。读书人对书犹如恋人,一日不见,如隔三秋,一日不读,心慌意乱,晚上即使睡得再晚,也要拿起书看上几眼。米元章亦云:一日不读书,便觉思涩。"三日不读书,面目可憎",其实也有对自己不满意的一种意思,对自己的反省,对自己的一种自律。居然三天都没有读书?这还像什么样子?看着镜子中自己的脸,都恨自己了。这也是读书人的真性情。

三日不读书,面目可憎,还有另一层的意思,就是读书一定要坚持,要养成良好的习惯。《劝学》中写道,"不积跬步,无以至千里;不积小流,无以成江海。"千里之路,是靠一步一步地走出来的,没有小步的积累,是不可能走完千里之途的。读书更是如此,一天都不能有耽误,更何况三天。

读书,需要天天坚持,不可一日停下。三天打鱼两天晒网,是不行的。作为自律的读书人，更要时时提醒自己，保持读书的习惯，绝不可"三日不读书"，否则就会"面目可憎、言语无味"，自己都讨厌自己。反之，天天读书，就会面目清朗，心思灵敏，言语风趣，意气风发。

在书桌上放几本精美的书，十年苦读的日子也变得雅致起来，有韵味起来；外出时随身带着喜爱的书，旅途也会变得多彩而安然；孤单失意的时候，陷入煎熬的泥潭中无法自拔的时候，读一会儿书，浮躁、偏激、忧虑的心变得安静、淡定起来，豁然开朗起来，自信起来，强大起来。爱上阅读，让心灵诗意地栖居在书香的海洋，你也会变得高雅、清俊和美好起来。

3. 阅读，让灵魂高贵

从"积财千万，无过读书"的古训，到"读万卷书，行万里路"的劝勉，从"读书破万卷，下笔如有神"的感悟，到"腹有诗书气自华"的经验之谈……读书的重要性都不言而喻。

清代学者金缨《格言联璧·学问》有言："古今来许多世家，无非积德；天地间第一人品，还是读书。读书即未成名，究竟人高品雅，修德不期获报，自然梦稳心安，为善最乐。读书便佳。"尚德崇文，"修身齐家治国平天下"，"立功立德立言"，这样高贵的心灵，绝对是读书涵养出来的。

对社会而言，喜欢读书的人越多，高贵的灵魂也会越多，社会的整体素质必然越高，社会上创意、灵感、诚信、正义、和平的光束就越强劲，消解陋习，抵御戾气、贪婪和为非作歹的力量就更强大。当读书成为一种时尚，一种信仰，全社会都会变得更加和谐，更加公平，更加

让阅读成为一种习惯

美好。

德国人爱读书，从背着书包的莘莘学子，到头发苍白带着老花镜的老人，他们无论是在哪里，在什么时候，只要是有闲余的时间，都一定会拿起书来看。数据调查显示，91%的德国人在每年中至少读过一本书。其中，23%的人年阅读量在9～18本之间，25%的人年阅读量超过18本，大致相当于每三周读完一本书。就连送礼物，书本都是最受大家欢迎的。所以这样看来，德国之所以强大，大概也是因为他们全民都在读书，父母教育孩子多读书，老师教育学生多读书，不但教育他们读书，还和他们一起读书。不管知识文化水平的高低，几乎只要是认识字的人，都会选择多读书。德国有上万所图书馆，只要你想读书，不管你有没有钱，你都可以坐在图书馆里，选一本你喜爱的书，从日出读到日落。这个安静高贵的国家，培养出了太多的文学家、科学家，还有哲学家、思想家、诗人，甚至连普通老百姓浑身上下都散发着哲学家的气息，他们看起来就优雅高贵，那可不是高冷，与之交谈时，你会发现其实他们很平易近人，这种高贵是由内而外散发出来的，是通过书籍的洗礼，一点一点累积出来的。这种全民都热衷于读书的氛围，提高了德国人民的整体素质，让我们看到了"德国制造"风靡全球。德国人对读书的热爱一点也不亚于对啤酒的热爱，对于他们而言，不喝啤酒，一天的生活可能像是吃馒头没有下饭菜一样，但是不读书，于他们而言就是飞翔的鸟儿被打断了翅膀，失去了翱翔的能力一样。

我国有古话说：书犹药也，可以医愚。在古汉字中，音乐的"乐"，与快乐的"乐"，同形不同音。繁体字药材的"药"是音乐的乐加草字头。药物之效在于身体健康，音乐之乐与读书之乐有利于心灵的浪漫。书中不但有黄金屋、颜如玉，有心药，还有使人高贵的阶梯。所谓"治天下者先治己，治己者先治心"，治心养性，修文进德，一个最直接、最有效的方法就是读书学习。

读书能够开阔眼界、增长知识，能够怡情养性、提升境界，远离低级趣味，变得高雅有趣，并赋予自己一个宁静的心态、理智的头脑、开放的胸怀和高贵的灵魂。培根说："读史使人明智，读诗使人灵秀，数学使人周密，科学使人深刻，伦理学使人庄重，逻辑修辞之学使人善辩。凡有所学，皆成性格。"读书就是一种"养心"的过程，书籍丰富了我们的心灵，扩大了感知范围，提升了境界，高贵了灵魂。

拥有高贵灵魂的人，心怀一颗悲悯之心，他不会躲在自己的世界，他内在的活力与宽厚的心胸，让他不会只在乎自己与自己的利害，他会想到别人，关心别人的需求，心怀天下，爱浴他人。灵魂高贵的人不会高估自己，而是谦虚谨慎，低调从容，他有礼貌，有风度，严格要求自己，却宽容他人的错误。灵魂高贵的人尊重他人，正直无私，心地坦荡，行止光明，遵守规则，从来不搞阴谋诡计；灵魂高贵的人，即使孤独，精神上也拥有勇气、信念和不被诱惑的力量，以抵抗逆境和挫折。这样的人多起来，这个社会也必然会美起来。

好的习惯，可以让一个人的生活变得有条不紊，可以让其性格变得越来越好，也能让其人格变得优雅高贵。一个爱读书的人，有着读书习惯的人，终将会因为书里的知识，了解更多眼界内看不到的世界，养成优良的习惯，成为一个由内而外都散发着高贵并且受人尊重的人。为了高雅，或者为了与高雅走得近一些，我们不妨多读书吧。

4. 爱读书的人沉稳而从容

古人云:"事从容则有余味,人从容则有余年。"庄子说我宁愿做一只拖着尾巴在泥潭里自由地爬来爬去的乌龟,也不愿做庙堂上华贵包装的乌龟壳,为的是不愿失去从容的生活。陶渊明不为五斗米折腰,为的是能享受"采菊东篱下,悠然见南山"的从容。

从容的心境带来从容的生活。不要对生活提出苛刻的要求,要根据我们自身的实际情况来面对和处理身边的事情。这样沉稳而从容的心态,是读书涵养出来的功夫。

浮躁是社会的通病。每一个时代都有浮躁之人,而在当代,浮躁就是一种社会病。浮躁之人急功近利,在各种喧嚣信息、光怪陆离现象纷至沓来的时候,总是处于躁动的状态。因此,人们在为人处事的时候,往往易栽跟头,难有大的作为。

而阅读会让浮躁的内心安静下来,让焦躁的性格沉稳起来,让纷乱的脚步从容起来。因为读书本身就需要人们放下紧张浮躁、急功近利的心,去细细地体味书中的奥妙、知识和趣味。那些真正的好书,本身就具有安宁内心的力量。

梭罗的《瓦尔登湖》,就是一本宁静、恬淡、充满智慧的书。合上《瓦尔登湖》,一股清凉的湖水汇入心间,澄澈见底,将心境荡涤得如一泓秋水,不染纤尘。比如梭罗写湖:

一个湖是风景中最美最有表情的姿容。它是大地的眼睛,望着它的人可以测出他自己的天性的深浅。湖所产生的湖边的树木是睫毛一样的镶边，而四周森林蓊郁的群山和山崖是它的浓密突出的眉毛。站在湖东端的平坦的沙滩上……

一条鱼跳跃起来，一个虫子掉落到湖上，都这样用圆涡，用美丽的线条来表达，仿佛是泉源中的经常的喷涌，它的生命的轻柔的搏动，它的胸膛的呼吸起伏。那是欢乐的震抖，还是痛苦的颤抖，都无从分辨。湖的现象是何等的和平啊！人类的工作又像在春天里一样地发光了。是啊，每一树叶桠枝石子和蛛网在下午茶时又在发光……

《瓦尔登湖》是一本静静的书，一本极静极静的书。它并不需要喧哗，不需要热闹，甚至不需要你的伙伴。它是一本寂寞的书，一本孤独的书，一本极具思想的书。它是一本一个人的书，就像一个大洋里的一个静静的岛屿。如果你的心没有安静下来，恐怕你很难进入到这本书里。你看不到那座岛上还有着小草，鲜花，长溪，鸟语……唯有内心寂静，才能感知卢梭内心那座木屋，一扇小窗，一个装满绿意的眼睛……

在这本书里，完全找不到雕琢的词藻，华丽的辩证，这本书中写满了梭罗独居时最朴实的内心感悟，意由心生。这也是梭罗的过人之处，他懒于隐藏或美化自己，只一个干干净净的人，不急不恼地向别人宣传着"回归本心，亲近自然"的观念。不得不说这是一本需要静下心读的书，一旦进入湖畔的世界，便会拥有与梭罗同样的情怀，在大自然中享受着真正的心中宁静。梭罗在湖边耕作，那些尘世的诱惑便会在自然的教诲下湮灭，他会随心地选择远离喧嚣的恬静。只有在这一刻，真正的大自然情境会让人与自然进行心灵的对话，让人再次回归精神的本原。

梭罗对暗夜的描绘是沉静的,我们在阅读的时候也需要有一颗沉静的心,且会在阅读的过程中不由自主地安静下来,跟随着梭罗的笔触感受一处处景,感受作者梭罗内心的安静或是孤寂。"《瓦尔登湖》语语惊人,字字闪光,沁人心肺,动我衷肠。到了夜深人静,万籁无声之时,此书毫不晦涩,清澄见底,吟咏之下,不禁为之神往了。"作家徐迟谈到瓦尔登湖时这样说。

这样的书,无疑有着巨大的安静的力量,会让我们忽然间从尘世的喧嚣和心灵的浮躁中安静下来,沉入到书的意境中去,忘记喧嚣和浮躁,忘记名缰利锁,忘记忧苦喜乐,变得从容起来。这时,书就是我们灵魂的伴侣、思想的朋友。我们在阅读着它、理解着它的同时,它也在感染着我们,引导指点着我们,让我们远离浮躁,安于沉静。有时候,一本书就足可以改变我们的心性,甚至一生。

国内著名作家张炜的长篇小说《你在高原》,长达450万字,是作者在20多年的时间里创作完成的。全书分为39卷,归类成10个单元(分别是家族、橡树路、海客谈瀛洲、鹿眼、忆阿雅、我的田园、人的杂志、曙光与暮色、荒原纪事、无边的游荡)。正如众多读者对它的评价一样,它不是一般意义上的系列作品,而是已知中外小说史上篇幅最长的一部纯文学著作。能在当下这个浮躁、焦虑的时代,潜心20年去完成它,这本身就是一个巨大的挑战和奇迹。这不仅仅是因为张炜的耐心,还因为他坚韧的文学精神。《你在高原》这本书叙述了一个叫做宁伽的青年在做着大地漫游的同时,也在做着心灵的漫游,他沉湎于爱情、人性、哲学、宗教等形而上的玄想,心灵在大地的滋养和启迪下，展开思索和追问。这部书就是一个人漫长的心灵之旅，并由个人心史转向了民族心史。有名人这样评价这本书："作品中所显示出的作者完整的世界观，它冷静、独立、稳定、持续，丝毫不受世俗观念的影响，具有超乎物外的立场和信念，因而保持了与现实的距离和批判的余地。"

这本书影响了很多人，有很多读者都发出了自己的感慨。书本里的经验和过往，让你学会明辨是非，拒绝龌龊，选择光明，内心坦坦荡荡，毫无所惧，让我们拥有安静和从容的力量。

这样的书很多很多。孤单的时候，读读陶渊明的《饮酒》诗，体会"结庐在人境，而无车马喧"那种置身闹市却人静如深潭的境界，感悟作者高深、清高背后所具有的定力和毅力；受到挫折和屈辱，就阅读司马迁的《报任安书》和孟子的《生于忧患死于安乐》，从中汲取到发愤图强的能量，相信失败是短暂的，低头总结，脚踏实地，终究会摆脱阴影；取得点滴业绩，读读《尚书·大禹谟》，反复品读"满招损，谦受益"，戒骄戒躁，始终以虚怀若谷的心胸对待一切；在艰苦的环境中生活，不妨读读《平凡的世界》和《人生》，就会觉得所受的苦难终究会酿出生活的美酒；面临选择，诵读《未选择的路》，就知道何去何从，步履从容。读世界经典名著《巴黎圣母院》，让我们看到丑陋的卡西莫多却能够拥有善良美丽的心灵、淳朴真诚的品质、平静从容的气质和不卑不亢的风度，他的内心在时间的见证下折射出耀人的光彩，使我们在寻觅美的真谛的同时去追求心灵的高尚与纯洁；读王蒙的《宽容的哲学》、林语堂的《生活的艺术》以及古人流传于世的名言警句，这些阅读都能够让我们在阅读的过程中，不知不觉地让浮躁的心沉静下来，从而仔细品读书中的人生，反思自己的经历，使我们沉下心来思考和体悟，从而舍弃浮躁，变得沉稳起来，从容起来。

让阅读成为一种习惯

5. 爱上阅读，爱上优雅的人生

书是人类认识的载体，有知识的人把所见所闻或所思所想记录下来，便成为书。有价值的书是智慧的结晶。一个民族的精神文明，表现于这个民族的人民的精神生活中，也存储于这个民族长期流传的典籍书册中。大多数人对于世界有所认识、对于人类的崇高理想有所了解、对于精神生活的优雅和高贵，都得益于读书。读书，使人认识到人除了衣食住行的物质生活之外还有高尚的精神生活，让思想得以解放，让心灵得到慰藉，给自己的身心都带来巨大的愉悦感，更能让自己的灵魂变得高贵优雅。

中国自古以来，不乏满腹经纶、优雅从容的诗人。他们时而浪漫，时而淡雅，时而激情，把自己的生活经历与人生的态度，用优雅精致的句子传给后人。这些被遗留下来的经典作品，都是文学国粹。古有屈原、宋玉、李白、苏轼、李清照，今有徐志摩、胡适、鲁迅，还有英年早逝却一心想拥有一所面朝大海的房子的海子，和为了爱情不顾一切犹如飞蛾扑火般的浪漫女子三毛。他们留给世人的作品，无一不令人惊叹，同时让我们不由自主地羡慕他们的浪漫生活方式和心灵的优雅从容。

三毛爱读书，对读书的感悟也尤其深。她谈读书，谈得鞭辟入里，优雅精彩：

"……在我看来，好书就是好书，形式不是问题。自然有人会说这太杂了。这一说，使我联想到一个故事：两道学先生议论不合，各自诧真道学，而互诋为假，久之不决，乃共请正于孔子。孔子下阶，鞠躬致敬而言曰："吾道甚大，何必相同，二位先生真正道学，丘素所钦仰，岂有伪哉？"两人大喜而退。弟子曰："夫子何谀之甚也？"孔子曰："此辈人哄得他去够了，惹他甚么？"

"……读尽天下才子书，是人生极大的赏心乐事，在我而言，才子的定义，不能只框在纯文学这三个字里面。图书馆当然也是去的，昂贵的书、绝版的书，往往也已经采开架式，随人取阅，只是不能借出。去的图书馆是文化大学校内的，每当站在冷门书籍架前翻书观书，身边悄然又来一个不识同好，彼此相视一笑，心照不宣，亦是生活中淡淡的欣喜。

"……不太向人借书回家。借的书是来宾，唯恐招待不周，看来看去就是一本纸，小心翼翼翻完它，仍是见山是山，见水是水，不能入化境。也不喜欢人向我借书。每得好书，一次购买十本，有求借者，赠书一本，宾主欢喜。我的书和牙刷都不出借，实在强求，给人牙刷。

"……读书多了，容颜自然改变，许多时候，自己可能以为许多看过的书籍都成过眼烟云，不复记忆，其实它们仍是潜在的，在气质里、在谈吐上、在胸襟的无涯，当然也可能显露在生活和文字中。常听人随口说，拓芜的白话写得顺口，天文天心丁亚民只是才情，却没有人平心静气地想一想，这一群群文字工作者，私底下念了多少本书。天下万事的成就，都不是偶然，当然，读书之外，那份生来的敏锐和直觉却是天生的，强求不得，苦读亦不得。"

林语堂认为读书的主旨在于摆脱俗气，经常读书的人，才不至于语言无味，面目可憎。人因读书而优雅，因读书而快乐，因读书而趣味无穷，人生也因读书而变得优雅而有格调起来，有趣起来，有韵味起来。如果把读书当作一件苦事和劳役，或者为了某种功利，那实在是对书籍的糟蹋。读书是人生的一种情趣，是人生的一种优雅，是人生的一大乐事。爱上阅读，也就爱上了一种优雅和浪漫的人生。

  宋代女词人李清照，她的诗词读来浪漫又充满幽怨，语言清丽且典雅。她是古代少有的才女，饱读诗书，满腹经纶。一生跌宕起伏，大起大落的转变，让这个原本柔弱的女子，也变得倔强坚强。

  李清照出身于书香门第，早期生活优裕。她的父亲李格非藏书丰富，她小时候就在良好的家庭环境中打下了文学基础。出嫁后，与他的夫君赵明诚，琴瑟和鸣，恩爱有加。他们夫妇只要发现了好书，就是典当衣物也要买来。每一天夫妇在饭后饮茶时，必要说一句书中话，然后夫妇猜在哪一本哪一页，猜中者先饮。李清照在《金石录后序》中对此曾有精彩的描述："余性偶强记，每饭罢，坐归来堂，烹茶，指堆积书史，言某事在某书某卷第几页第几行，以中否角胜负，为饮茶先后。中即举杯大笑……"与丈夫赵明诚共同致力于金石书画的搜集整理，共同从事学术研究，日子优雅、从容、浪漫而有趣。

如果不读书，世界在你的眼里就只有柴米油盐，只有蝇营狗苟，只有粗陋和低俗，只有不停的劳作和满心的疲累，无法以一颗敏感的心去感受山川草木的大美，领悟四季轮转的哲理，触碰高尚伟大的灵魂，就必然俗不可耐，生活了无意趣。

林语堂是一个爱读书、也最懂得读书之乐的人。他在《读书的艺术》中说：

  读书或书籍的享受素来被视为有修养的生活上的一种雅

事，而在一些不大有机会享受这种权利的人们看来，这是一种值得尊重和妒忌的事。当我们把一个不读书者和一个读书者的生活差异比较一下，这一点便很容易明白。那个没有养成读书习惯的人，以时间和空间而言，是受着他眼前的世界所禁锢的。他生活是机械化的，刻板的；他只跟几个朋友和相识者接触谈话，他只看见他周遭所发生的事情。他在这个监狱里是逃不出去的。可是当他拿起一本书的时候，他立刻走进一个不同的世界；如果那是一本好书，他便立刻接触到世界上一个最健谈的人。这个谈话者引导他前进，带他到一个不同的国度或不同的时代，或者对他发泄一些私人的悔恨，或者跟他讨论一些他从来不知道的学问或生活问题。一个古代的作家使读者随一个久远的死者交通；当他读下去的时候，他开始想象那个古代的作家相貌如何，是哪一类的人。孟子和中国最伟大的历史学家司马迁都表现过同样的观念。一个人在十二小时之中，能够在一个不同的世界里生活两小时，完全忘怀眼前的现实环境，这当然是那些禁锢在他们的身体监狱里的人所妒美的权利。这么一种畸形环境的改变，由心理上的影响说来，是和旅行一样的。

　　不但如此。读者往往被书籍带进一个思想和反省的境界里去。纵使那是一本关于现实事情的书，亲眼看见那些事情或亲历其境，和在书中读到那些事情，其间也有不同的地方。因为在书本里所叙述的事情往往变成一片景象，而读者也变成一个冷眼旁观的人。所以，最好的读物是那种能够带我们到这种沉思的心境里去的读物，而不是那种仅在报告事情的始末的读物。我认为人们花费大量的时间去阅读报纸，并不是读书，因为一般阅报者大抵只注意到事件发生或经过的情形，完全没有沉思默想的价值。

让阅读成为一种习惯

读书才能让人心灵高贵，情趣优雅。书是人类的智慧的结晶，经验的宝藏，是人类进步的阶梯，读书的过程就是进步的过程。读书就是将人类浓缩几千年的科技、文化快速习得的最佳方式，读书能够让你在极短的时间内，掌握人类科学文化知识，成为一个学识渊博、见识丰富的人。学识渊博了，见识丰富了，对生活的态度和看法也会随之而变，人生的目的就绝不再仅仅满足于衣食住行，满足于口腹之欲，而有了更远大的目标，更高远的志向，更高层面的追求，人就会从凡俗中脱离出来，变得清俊高雅起来，生活也自然而然会变得更加纯粹而优雅。即便是为了口腹之欲，也会与凡俗人等不一样了。

爱上阅读
爱上优雅的人生

作家曹文轩说："阅读是对一种生活方式、人生方式的认同。阅读与不阅读，区别出两种截然不同的生活方式或人生方式。这中间是一道屏障、一道鸿沟，两边是完全不一样的气象。一面草长莺飞，繁花似锦，一面必定是一望无际的、令人窒息的荒凉和寂寥。"把阅读对人生的影响概括得淋漓尽致。"万般皆下品，唯有读书高。"读书才是拥有优雅高贵、丰富多彩人生的基石！

清代沈复写有一本《浮生六记》的小书，内容写得很琐碎，不过是自己生活的一些记录。沈复本来就是书生，意趣横生，格调雅致，再加上与会生活的妻子陈芸在一起，真是难得的一对有情调的夫妻。生活于他们，绝不是只有劳作的辛苦，而是无处不在的优雅和浪漫。在《浮生六记》中，对这种读书人与凡俗人完全不同的生活态度有精妙的描写：

> 余闲居，案头瓶花不绝。芸曰："子之插花能备风晴雨露，可谓精妙入神。而画中有草虫一法，盍仿而效之。"余

曰："虫踯躅不受制，焉能仿效？"芸曰："有一法，恐作俑罪过耳。"余曰："试言之。"曰："虫死色不变，觅螳螂蝉蝶之属，以针刺死，用细丝扣虫项系花草间，整其足，或抱梗，或踏叶，宛然如生，不亦善乎？"余喜，如其法行之，见者无不称绝。求之闺中，今恐未必有此会心者矣。

上文的意思是说：我的居室休闲，案头瓶花许多，芸说："这样插花，能表现花在风晴雨露中各种姿态风韵，可谓精妙入神。然而画卷中也有草木与昆虫共同相处的方法，你何不仿效一下？"我说："小昆虫徘徊不定，怎么仿效？"芸说："我倒有个方法，恐怕始作俑而引起罪过呢！"我说："你试说说。"芸说："小昆虫死了不会变色，寻找螳螂、蝴蝶之类用针刺死，拿细丝线捆着它的脖子系在花草间，再整理它的脚足，或抱在花梗上，或踏在叶上，这样宛如活生生的小虫，不是更好么？"我很高兴，按她的方法去试验了，结果来看的人无不称绝赞美。在女人里寻找（和芸同样的人），现在恐怕再没有这么善解人意的了吧！

就日常的插花，这个深谙生活情趣的妙人儿"芸"也能有不同凡俗的情趣，这就是读书涵养出来的优雅情趣。"芸"真是一个妙趣横生、深味生活格调的优雅女子。特别是她在《野炊》中所表现出来的完全不流于俗的洒脱气质和优雅格调，更是倾倒过无数人：

苏城有南园、北园三处，菜花黄时，苦无酒家小饮。携盒而往，对花冷饮，殊无意味。或议就近觅饮者，或议看花归饮者，终不如对花热饮为快。众议未定。芸笑曰："明日但各出杖头钱，我自担炉火来。"众笑曰："诺。"众去，余问曰："卿果自往乎？"芸曰："非也，妾见市中卖馄饨者，其担锅、灶无不备,盍雇之而往?妾先烹调端整,到彼处再一下锅,茶酒两便。"余曰:"酒菜固便矣,茶乏烹具。"芸曰:"携一砂罐去,以铁叉串串罐柄,去其锅,悬于行灶中,加柴火煎茶,不亦便乎?"余鼓掌称善。街头有鲍姓者,卖馄饨为业,以百钱雇其担,约以明日午后,鲍欣然允议。明日看花者至,余告以故,众咸叹服。饭后同往,并带席垫至南园,择柳阴下团坐。先烹茗,饮毕,然后暖酒烹肴。是时风和日丽,遍地黄金,青衫红袖,越阡度陌,蝶蜂乱飞,令人不饮自醉。既而酒肴俱熟,坐地大嚼,担者颇不俗,拉与同饮。游人见之莫不羡为奇想。杯盘狼藉,各已陶然,或坐或卧,或歌或啸。红日将颓,余思粥,担者即为买米煮之,果腹而归。芸曰:"今日之游乐乎?"众曰:"非夫人之力不及此。"大笑而散。

野炊在今天我们似乎习以为常,并无奇巧之处,而在当时,能有如此浪漫情怀、如此愿意为一己高兴而不顾流俗、大胆革新的女子,真真少见。

芸是一个兰心蕙质、心性聪明的女子。她本姓陈,出身一个贫寒的读书人家,四岁父亲去世。芸十几岁就以她精美娴熟的刺绣,维持寡母、幼弟的生活,包括弟弟读书的费用。她两岁时就在父亲口授之下,背会白居易的《琵琶行》,长大后,依据《琵琶行》文本,挨字而认,开始识字、读书,后来竟能习文做诗,写出"秋侵人影瘦,霜染菊花肥"的诗句。正是读书使她与一般的女子不同,形成了她独特的生活情趣,这与沈复非常吻合,因此他们婚后感情十分融洽。夫妻二人论文论诗、评花品月、烹饪菜肴、栽培花木,种种杂事充实在他们的日常生活中,浪漫优雅、恩爱如蜜的生活,生生羡煞多少后人!

读书不仅会使我们提升生活的格调,调出生活的蜜汁,让生活高雅而有趣起来,其实阅读本身就是一件趣味无穷的雅事。

阅读，可以使心领略得到一种优雅的风味，这才是读书人热爱读书，把读书当作每日的功课且乐此不疲的真正原因。像陶渊明，每日"采菊东篱下，悠然见南山""好读书不求甚解"，然"每有会意，便欣然忘食"。这样的读书境界不仅是人生的乐事，也当是优雅生活的范本。

董桥对读书的领悟更高一等，他把读书比作听雨，真可以说是一种优雅的极致了："少年听雨歌楼上，红烛昏罗帐。壮年听雨客舟中，江阔云低，断雁叫西风。而今听雨僧庐下，鬓已星星也，悲欢离合总无情，一任阶前点滴到天明。"在董桥看来，读书就如同听街前的点滴细雨，是一种韵味，是一种悠闲，是一种情致，更是一种乐趣。只不过是因为年龄的不同，读书的境界才有所不同。

读书是非常高雅的活动，陆游有诗云："读书有味身忘老，无诗三日却增忧。"歌德也说，读一本好书，就是和许多高尚的人对话。一个人不可能在现实生活中结识世界上所有的伟人，触摸各种伟大的思想，聆听各位智者的教诲，但是通过读书，我们便可以用各种知识和见解来喂养自己的理想，使它生根、发芽、开花、结果；一个人也不可能历尽人世沧桑，同时活在过去、现在和未来，但是读书可以让我们穿越回过去，带我们翱翔于未来；一个人更不可能在世界各个角落留下自己的足迹，但是读书可以让我们领略各地不同的风景，品味不一样的人生；一个人也不可能和每一个人都成为朋友，但是读书能让我们结识同好，扩大社交圈子，找到知音。同是雅人在一起谈天论地，乐趣无穷，也是雅事。书能带你去你想去的任何地方，见你想见的任何人，做你想做的任何事，这样的生活，应当是所有人都向往的吧？

爱上读书，也就爱上了一种优雅的生活方式。爱读书的人在唐诗宋词、古今名著中留连忘返，在散文诗歌中修身养性，从而心灵纯净，气质高华，心无点尘。"书卷多情似故人，晨昏忧乐每相亲。眼前直下三千字，胸次全无一点尘。"读破万卷书的人，超凡脱俗、心地纯朴，可

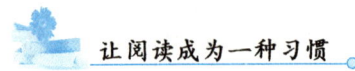

以静听潮起潮落、坐观云卷云舒。这样的人,才会面对一朵流云,一片落叶,一阵清风,生出诗情画意,发现万千乐趣。

爱上读书的人,学识越来越丰厚,思维越来越睿智,举止越来越斯文,内心越来越从容,生活也就会越来越优雅。

第二章

摒弃功利之心，享受阅读的快乐

阅读是快乐的事情，是心灵的享受。摒弃功利之心，沉入书香之中，为阅读而阅读，为享受阅读而阅读，就会乐趣无穷。

让阅读成为一种习惯

 1. 读书之乐乐陶陶，阅读是最简单的快乐

爱读书，是因为读书让人快乐。有人说，阅读之根苦，读书之果乐。读书是在辛苦中孕育快乐，这种滋味，古今贤者体会颇深，并且乐此不疲。

东晋陶渊明说："衡木之下，有琴有书，载弹载咏，爰得我娱。"道出了读书的真谛——读书使人快乐。

明代理学家朱熹曾以春夏秋冬为题写下了《四时读书乐》的组诗，咏叹自己读书之乐趣和情调。

春

山光照槛水绕廊，舞雩归咏春风香；
好鸟枝头亦朋友，落花水面皆文章。
蹉跎莫遣韶光老，人生唯有读书好；
读书之乐乐何如？绿满窗前草不除。

夏

新竹压檐桑四围，小径幽敞明朱曦；
昼长吟罢蝉鸣树，夜深烬落萤入帏。
北窗高卧羲皇侣，只因素稔读书趣；
读书之乐乐无穷，瑶琴一曲来薰风。

秋

昨夜庭前叶有声，篱豆花开蟋蟀鸣。
不觉商意满林薄，萧然万籁涵虚清。

近床赖有短檠在，对此读书功更倍。
读书之乐乐陶陶，起弄明月霜天高。

冬

木落水尽千崖枯，迥然吾亦见真吾。
坐对韦编灯动壁，高歌夜半雪压庐。
地炉茶鼎烹活火，四壁图书中有我。
读书之乐何处寻，数点梅花天地心。

读书之乐乐何如？绿满窗前草不除；读书之乐乐无穷，瑶琴一曲来熏风；读书之乐乐陶陶，起弄明月霜天高；读书之乐何处寻，数点梅花天地心。一年四季，春夏秋冬，三百六十五天都享受着读书的那份乐趣与惬意。真可谓"凡人及时读书，便可无时不乐"。如此这般惬意与舒坦的享受哪能从美味佳肴、华服丽装、金钱美色、豪宅别墅那里得到呢？这是一种天地人合一的精神玄想，物我两相忘的心灵沉醉。这是真正爱读书、深味读书之乐的人才有的深切体会。

明代文学家宋濂，自幼家贫，却酷爱读书，不怕求师之难，不惧旅途之艰难，不慕同窗之富有，矢志读书。用他的话来讲，是因为"书中有足乐者"。

台湾作家林海音年少时无钱买书，以窃读为乐，在窃读中满足了求知的欲望，获得了莫大的快乐。古今圣贤之人的读书之乐，一直呼唤着我读书，鼓励着我品文。多年以来，这种呼唤带着我徜徉在古今中外的名著当中，流连于古今典籍之中，寻找读书的快乐。让我在文字中游走，在篇章中思索。茶香书香，令人心旷神怡，此乐何极！我想，蓬莱仙人之乐，也大抵不过如此了吧！

人都有耽于享乐的天性，因为享受所以我们快乐。读书是一种享受,是一种放松,是最简单最轻易到手的快乐。当华丽的语句映入眼帘,不但能给我们的视觉带来享受,也能给精神带来享受,更能让我们快乐。

悠闲的时候,泡上一杯茶,懒散地坐在窗前,捧着一本书阅读。茶气袅袅,书香漫漫。不时地呷上一口茶,随意地翻上几页书,心神都会清爽如风。所有的声音都哑默沉寂,听到的只是自己的声息,还有那书页的翻动声,整个人仿佛都溶入书中。这难道不是一种享受吗?

阅读是最简单的快乐,不需要刻意为之,随手拿起一本书,就能体会其中的大千世界,悲愁喜乐,感受书中人物的悲欢离合,那种快乐无以言表。读书常让我们冥思苦想,可忽然间灵犀骤通,这苦后之乐,岂是疏于读书者所能体会得到的?

读书之乐,乐在自我领悟之中。当读到"安得广厦千万间,大庇天下寒士俱欢颜"时,油然而生敬意;读到"朱门酒肉臭,路有冻死骨"时,不禁愤怒慨叹,黯然沉思;当与那些"聊发少年狂"的老夫、"欲乘西风去"的醉客、"雄姿英发"的豪杰相对时,豪迈之气溢于言表;"生当作人杰,死亦为鬼雄"的巾帼豪情,"待从头收拾旧山河"的铁骨丹心,让你在读的同时领略到他们内心的波涛、飞扬的激情……读书之乐,就乐在这样的细细品味和悄然领悟之中。

比如读张爱玲,总是被她解剖刀一样犀利笔锋下所暴露出来的人性所折服,也为她诗一般的语言、少女一样的情怀所感动。她的《小团圆》,一开头就写:"夜里在床上看见阳台上的月光,水泥阑干像倒塌了的石碑横卧在那里,浴在晚唐的蓝色月光中，一千多年前的月色。"白描似的景致，安静而动人的样子，就是她的快乐。一个女人的少女情怀，就这样被体现得淋漓尽致。书中那对爱情朦朦胧胧的九莉，尽管并不知道说的是不是张爱玲自己，但是仍然美好得不像话，看的人心也跟着她一荡一荡的。张爱玲就是这样快乐着，真实着，也带领读者，一同分享着她的喜和她的怒还有她的哀和乐。

这样简单的快乐绝不是其他享受能有的。比如听戏也是一种快乐，但还得对戏文有一定的了解，对各家门派略懂一二，能分出唱腔的高低，扮相的好坏，表演的优劣，听时才有乐趣。如果像鲁迅小时候去看社戏时一样，只看见老生老旦轮番上场咿咿呀呀地唱，对唱的什么、演的什么，完全不明就里，就难有听戏的乐趣。好在鲁迅他们那时也不是专门为着听戏去的，只为的是那份热闹的乐趣。

再如游戏，不论是下棋、打牌、摸麻将，都得先学会才能上手来玩，倘若学艺不精，玩得不好，输得多了，就没兴致玩了，兴趣都没了，乐趣何存？

读书则不一样，只要会认字就能读，而且一读就放不下手来，就能轻松地领会到书中的无限乐趣。

阅读的快乐还在于读同一本书，不同的人能读出不同的心得体会，这种不同在交流的过程中就会产生更多的乐趣。大家把对于这本书的观点交流出来，不但能了解别人看这本书的思维和感受，还能欣赏到别人的文采，自己也能在交流中学习到更多新的知识。这种乐趣，并不是电视剧、娱乐新闻等能带给我们的。

阅读的快乐就像是瞥到夏荷怀抱里的一丝新绿，闻到了秋菊散发出的淡雅清香，望到了冬梅身旁挺立的枝丫，更有如嗅到了春天百花齐放的芬芳。这样的快乐，简单而纯粹，朴素而深远。就像心灵感受到的风花雪月一般，快乐无处不在。

让阅读成为一种习惯

2. 阅读是修养身心的最好方法

古人云"开卷有益",伏尔泰说"读书使人心明眼亮"……古今中外的名人留下关于读书的名言不计其数,无非是为了鼓励更多人去读书、爱书。因为书籍作为知识传承的重要方式,关乎民族的兴盛与进步,国家的繁荣和富强,更是一个人品行修养和心性提升的关键途径,是修养身心最好的方法。

身心的修养在中国有着悠久的历史与深厚的传统,孟子说,"吾善养吾浩然之气",什么是"浩然之气",孟子解释为,"那浩然之气,最宏大最刚强,用正义去培养它而不用邪恶去伤害它,就可以使它充满天地之间无所不在。那浩然之气,与仁义和道德相配合辅助,不这样做,那么浩
然之气就会像人得不到食物一样疲软衰竭。浩然之气是由正义在内心长期积累而形成的,不是通过偶然的正义行为来获取它的。自己的所作所为有不能心安理得的地方,则浩然之气就会衰竭。"

庄子的逍遥游,"北冥有鱼,其名为鲲。鲲之大,不知其几千里也。化而为鸟,其名为鹏。鹏之背,不知其几千里也",这是何等的壮观。列子的御风而行,古人说"轻清者上浮而为天,重浊者下凝而为地"。一个人怎么"轻清"呢?这个"轻清"讲究的是"清心寡欲,身轻无累"。心灵上得到了一定的升华,那么他就不再需要功名利禄了。还有此类等都是这种传统的体现。

儒家经典《大学》开篇就讲了学习修养的目的、宗旨：明明德、亲民和止于至善，即发扬固有的德性，革除旧的思想习气，达到至善的境界。《大学》又讲了学习修养的步骤和方法：格物、致知、诚意、正心、修身、齐家、治国、平天下。《大学》接着写道："物格而后知至，知至而后意诚，意诚而后心正，心正而后身修，身修而后家齐，家齐而后国治，国治而后天下平。白天子以至庶人，壹是皆以修身为本。其本乱，而未治者否矣。"修身是立身处世的根本，也是治国、平天下的根本。从天子到老百姓，都要抓住这个根本。要像汤之《盘铭》所说的："苟日新，日日新，又日新"，不间断地革除旧的思想和习气，日新其德，努力做一个新人。这样，就可以达到道德高尚的圣贤境界，同时也可以实现治国、平天下的政治理想。

在"一是皆以修身为本"的大原则下，读书成为一种向内的修身方式，关注内心的细微变化，通过读书调整身心，改变气质。读书可以改变一个人的气质，让一个人的优雅由内而外散发出来。朱熹教学授徒五十余年，认为"为学之道，莫先于穷理；穷理之要，必在于读书；读书之法，莫贵于循序而致精；而致精之本，则又在于居敬而持志。"意思是学习的方法，必定是先探究事理，而探究事理的关键，就是读书。

读书，是最能静心的方法。在这个焦躁不安的时代里，每天从早晨开始，形形色色的人们，穿着西服，打着领带，拿着公文包，行色匆匆，手里的早餐都来不及往嘴里塞，能跑的绝对不会走着。这是我们每个职场拼搏的人的真实写照，因为时代进步得太快，如果我们不奔跑起来，那我们就会被这个时代淘汰，所以我们不得不奔跑前进。但与此同时，我们的内心也跟着这个不安分的社会风气一起变得焦躁不安，定不下心来，更不要提静下心来耐心去做一件事。只有阅读的时候能让我们心平如镜，不再焦躁。常常读书，久而久之，人就会变得平静如水、人淡如菊。书就这样让我们的身心得到修养，气质得以变化，人生得以优雅。

"修德忘名、读书深心",读书使人明理明德、明荣知耻,读书的过程实质上也是修炼道德、陶冶情操的过程。多读书,读好书,做一个高尚的人,一个纯粹的人,一个脱离低级趣味的人,一个有益于人民的人。把读书学习当成一种生活态度,勤于学、敏于思,以学益智,以学修身,以学增才。鸟欲高飞先振翅,人求上进先读书。因为爱读书,愿读书,有书读,人才这样高贵而不可侵犯。德国诗人荷尔德林有一句著名的诗——"人,充满了辛劳,但诗意地栖居在大地上。"这正是因为人有书,爱读书之故。

清代张潮在《幽梦影》中,对读书有一个绝妙的比喻:"少年读书如隙中窥月,中年读书如庭中望月,老年读书如台上玩月,皆因阅历之浅深所得之浅深耳。"同样的一轮月亮,由于少、中、老三个人生阶段的年龄和阅历不同,隙、庭、台观月的地点有别,"窥、望、玩"月的方式各异,所看到的情景和收获就大相径庭。前者可观其一二,中者只能略知大概,唯独后者高处台上,眼界开阔,便能深得其精髓。读书亦然,阅历深者方能晓其三昧,识其真谛,达到"知其然,知其所以然"的境界。

读书教给我们"小不忍,则乱大谋",也同样教会我们,"过而不改,是谓过矣"。人生的道理不仅仅是父母老师教给我们的,还需要我们自己去学习,去感悟。书让我们的内心强大优雅,书让我们的心灵高贵而清俊。

3. 多一些好奇心，从书中获得智慧

好奇心是人类的天性，是与生俱来的本性，也是创造力的源泉，是一种促进人向前进的动力。好奇心是知识的萌芽，因为不懂，不了解，才想去学习，去认知。苏霍姆林斯基也曾说："人的内心里有一种根深蒂固的需要——总想感到自己是发现者、研究者、探寻者。在儿童的精神世界中，这种需求特别强烈，但如果不向这种需求提供养料，即不积极接触事实和现象，缺乏认识的乐趣，这种需求就会逐渐消失，求知兴趣也与之一道熄灭。"爱因斯坦说："好奇心是科学工作者产生无穷的毅力和耐心的源泉。"因为保持着好奇心，所以才拥有阅读的动力。

世界上最聪明的民族犹太人，他们教育子弟的最好的方法，就是利用他们的好奇心，教会他们读书，让他们养成读书的习惯。

在世界众多民族中，犹太民族可谓是个酷爱读书，非常重视教育的民族。联合国教科文组织的一项调查显示：全世界每年阅读书籍排名第一的是犹太人，一年平均每人是64本。而上海作为中国每年阅读书籍排名最高的城市，每个人一年平均只读8本书。犹太人爱读书的好习惯都是从小养成的。

犹太人可以终身读书的原因是把读书当成一件快乐的事。犹太孩童三到五岁打开律法书的时候，父母亲会在书页上滴上蜂蜜，让孩子亲舔纸上的蜜。这样，读书就像舔蜜一样。对连字都还没完全认识的孩子们来说，根本难以让他们理解读书是一件甜蜜的事，但却可以激发他们的好奇心，让他们去探究为

什么书的味道会是甜蜜的。

犹太民族不仅善于激发孩子的好奇心，更善于保护孩子的好奇心。爱因斯坦是二十世纪最伟大的科学家之一，也是一个杰出的犹太代表。他自幼就充满好奇心。对所有人都认为理所当然的自然法则，爱因斯坦却因好奇心的缘故，从里面发现了相对论。

好奇心越多，越想要去探索那些未知的事物，不曾了解的世界，对阅读的兴趣也会越大。因为书籍就是智慧的源头，就是知识的宝库，我们想要了解的一切，都可以在书中找到答案。

书籍是人类智慧的结晶、经验的汇集、文化的积淀、历史的传承。法国学者莫罗瓦曾说："当今的文明是我们前人世世代代知识和经验的结晶。要想享有它，就要阅读。无论是讲授或直观教学，都达不到同样的教育效果。图像，能清楚地解说一篇文章，却不适宜培养思维能力。电影和教课一样，放映完毕，也就销声匿迹了；过后想再查看它，很不容易，甚至是不可能的。而书籍，却是我们最好的终身伴侣。"阅读是获得知识、获得智慧的重要途径，脱离了阅读，我们就很难站在前人的肩膀上开创新的高度。事实上，我们所掌握的知识，大量来自于前人的实践和经验，来自于书本，他人的经验之谈和自己的实践活动对于知识的获取来说只是冰山一角。我们从书中汲取前人的智慧，学会前人的经验，掌握更多的知识和能力。人类的进步由此而生。所以，利用好奇心激发阅读的兴趣非常重要。

好奇心会让人去思考。读书会促进思考能力。即便是一样的问题，不同的想法也会产生不同的答案。促进思考能力的方法就是不断地质疑。所有的学习是从疑问的发生开始，而疑问是从好奇心开始。

中国古代匠人鲁班，因为被山上的野草划破了腿而产生浓厚兴趣，从而发明了锯子；英国物理学家牛顿，因为总是好奇为什么苹果会从树上掉下来，才钻研出了"万有引力定律"；发明家爱迪生小的时候就对任何事都充满好奇，而正是这些好奇心，成就了后来伟大的发明家。

好奇心可以促进我们进步，在读一本书开始，就要培养好奇心，不管是对人物还是故事的发展都充满好奇，这样就有继续看下去的动力，也能从中收获乐趣和智慧。拿到一本书，我们可以学习著名数学家华罗庚读书的方法，他拿到一本书，不是翻开从头至尾地读，而是对着书思考一会，然后闭目静思。他会先猜想书的谋篇布局，斟酌完毕后才会再次打开书，如果作者的思路与自己猜想的一致，他就不再读了。华罗庚的这种猜读法不仅节省了读书时间，还培养了自己的思维力和想象力，这也是好奇心的一种催使，若是没有这种好奇心，那么读书就会变得枯燥无味，读起来犹如嚼蜡了。因此，适当地对读书保持好奇心，是对自己的一种激励，一种动力，在学习中，好奇心绝对是重要的使动因子，在好奇中学习文化，认知知识，才能让我们的阅读充满乐趣。

好奇是知识的萌芽，可以促使我们学习更多的东西。哈佛大学校长陆登庭在"世界著名大学校长论坛"上所说："如果没有好奇心和纯粹的求知欲为动力，就不可能产生那些对人类和社会具有巨大价值的发明创造。"而读书，可以满足你的好奇心，可以充实你的头脑，让你因为好奇而产生的疑问得到解决，并从前人的经验里汲取到更多的智慧，促进我们开创更美好的世界。

4. 少一些功利心，享受更多的乐趣

宋朝皇帝赵恒说："富家不用买良田，书中自有千钟粟；安居不用架高堂，书中自有黄金屋；出门莫恨无人随，书中车马多如簇；娶妻莫恨无良媒，书中自有颜如玉；男儿若遂平生志，六经勤向窗前读。"可谓说尽了读书的好处，但是功利性太强。真正读书的乐趣，目的性太强的读书是难以感受到的。读书不太考虑"千钟粟、黄金屋、颜如玉"，只是为了享受读书的乐趣、感受读书的优雅而读书，最能享受读书的乐趣。

英国著名历史学家麦考莱，曾给一个小女孩写信说，如果有人要我当最伟大的国王，一辈子住在宫殿里，有花园、佳肴、美酒、大马车、华丽的衣服和成百的仆人，条件是不允许我读书，那么我决不当这个国王。我宁愿做一个穷人，住在藏书很多的阁楼里，也不愿当一个不能读书的国王。麦考莱不要"千钟粟""黄金屋""颜如玉"，他只想做一个穷人，住在藏书很多的阁楼里读读书，把所有的功利性全部抛至十万八千里外。在他眼里做富有的国王不如做一个读书的穷人更快乐。这就是读书人的情怀。

林语堂说："什么才叫做真正的读书呢？这个问题很简单，一句话，兴味到时，拿起书本来就读。……或在暮春之夕，与你们的爱人携手同行，共到野外读《离骚》，或在风雪之夜，靠炉围坐……哲学、经

济、诗文,史籍十数本,狼藉横陈于沙发之上,然后随意所之,取而读之,这才得了读书的兴味。"他对于那种为功利而读书的人是嗤之以鼻的:"现在你们手里拿一本书,心里计算及格不及格,升级不升级,注册部对你态度如何,如何靠这书本骗一只较好的饭碗,娶一位较漂亮的老婆———这还能算为读书,还配称"为读书种子"吗?还不是沦为'读书谬种'吗?"

如果抱有很强的目的性去读书,读书就和劳作一样,是很辛苦的一件事情。就像古代士人为了科举考试,为了"一举成名天下知"而苦读,"十年寒窗无人问",每天手不释卷,孜孜劳心于如何背下"十三经",如何写好"八股文",实在是没有多少乐趣可言。

非功利性读书

王国维曾把读书之境界分为三重,说:"古今之成大事业、大学问者,罔不经过三种之境界:'昨夜西风凋碧树,独上高楼,望尽天涯路。'此第一境界也。'衣带渐宽终不悔,为伊消得人憔悴。'此第二境界也。'众里寻他千百度,蓦然回首,那人却在灯火阑珊处。'此第三境界也。"通俗地说,这三种境界即是:学海无涯,书山有路;发愤苦读,上下求索;豁然开朗,大彻大悟。这读书读得着实辛苦。

在科举制度甚至如今的高考制度下,这种功利性的读书是司空见惯的读书方式。万千学子,自从背起书包上学堂起,读书便成了他们的专业。特别是中小学生,天天端坐课堂,任老师"填鸭",一年到头起早睡晚,上不完的新课,做不完的作业,比大人上班还辛苦。对于不少学生而言,读书是一种苦差、是一项艰巨任务,鲜有乐趣可言。那些为了谋职、评职称、考公务员而读书的人,也多半如是。他们为应付考试而晨诵夜读,死记硬背,苦不堪言,一旦通过了考试,便如释重负,不是将那些书束之高阁,便是当废品卖掉,再也不愿吃那种读书之苦,又何曾享受过读书之乐呢?

所以，很多读书之人都提倡"非功利性读书"，那样才能真正享受到阅读的乐趣。英国作家毛姆曾经提出了"为乐趣而读书"的主张，他说："我也不劝你一定要读完一本再读一本。就我自己而言，我发觉同时读五六本书反而更合理。因为，我们无法每一天都有保持不变的心情，而且，即使在一天之内也不见得会对一本书具有同样的热情。"

读书受兴趣的诱引，并无明确的目的，这样的"非功利性读书"，乐趣更多。由于没有明确的目的，也就不需硬着头皮读那些枯燥乏味之书，而是择爱读之书读之。茶余饭后，夜晚无事，休闲度假、旅行途中，兴来展卷，兴尽阖之，心中全无负担，在轻松阅读中不知不觉地受益。使用这种读书方法的人大多涉猎广泛，以至职业以外的知识非常丰富，他们或是上晓天文、下知地理，或是谈起诗词歌赋、小说戏剧，头头是道；或是侃起政治军事、文艺体育，像个专职评论员，乃至说到养花种草，饲养宠物，也像个行家。阅读范围越广泛，越丰富多彩，越能享受到各种各样的书趣，让生活精彩而丰富。非功利性读书，无疑是一种乐事，是一种享受。

非功利的阅读，有时能使读者对于某一门学问产生浓厚的兴趣，从而走上专业之路。因为兴趣不但是最好的老师，而且是长效的兴奋剂，在兴趣的引导下读书，就会废寝忘食，沉醉其间，专心致志，心无旁骛；就会耐得寂寞，不怕孤独，不以为苦，反以为乐。而随着阅读的深入和知识的积累，就可能对自己喜爱的行当进行尝试，若能不畏挫折，持之以恒，就可能在某个领域取得可喜的成就。古今中外，不乏此例。

武侠小说家金庸曾在《艺术人生》节目中，讲述了一段关于对读书的看法。主持人问金庸："您写了一辈子书，您怎样评价读书？"金庸回答："读书是人生最大的乐趣。"主持人又问："如果有十年时间让您重新选择生活，您怎么选择？"金庸答："如果这十年中，一种是让我坐牢，但给我书看；另一种是我有自由，但不让我读书，我选择第一种——在牢中读书。"金庸的这番话，表达了他对书籍无限而执著的热爱，也说明了非功利性读书所带给人们的无限乐趣——在牢中读书，绝不是为了越狱而读吧？这是享受，是沉迷，是人生之乐。

读书并不是为了功名利禄，也不是为了升官发财，而是为了充实自己的内心，让自己的生活变得更加有意义，是为了不每天庸庸碌碌，浑浑噩噩地度日子，不碌碌无为又苍白地度过这一生。

曾经在社交网站上风靡一时的一篇文章，名字叫《我们为什么读书》，说得很有道理，也真正点明了读书的非功利性作用的意义。

文章从两个一块去参加同学聚会的刚刚大学毕业进入工作没几年的年轻人说起，他们两个学历相似，也都没有成家立业。而在坐的其他人很多人都已结婚生子，并且都有所成就。酒席间，老同学问他们收入有没有过万，他们在普通公司工作，也就三四千工资，怎么可能过万，于是很多人都对他们唏嘘不已，认为他们读那么多书，还上了大学，但并没有挣钱，这简直就是浪费时间浪费生命，还不如他们这些早早就扔了书去做生意的人过得舒适。作者在书里说，"传统的价值体系里依然残留着'学而优则仕'观念，为何要做官？那是因为升官和发财是绑在一起的。如今已经不是科举时代，高考也是当下社会唯一相对公平的一次竞争。但大学也只是保证你有基本的良知和常识融入到现代社会竞争中去。扩大你的见识，增加你的人文素养。教育的目的从来都不是教你发财之道。那些真正能够改变这个世界，影响世界的人，还能享受现代文明福利，品味人类文明之美的人大多数都是接受过教育的人。读书是唯一的出路。这里出路不仅仅是挣多少钱，而是一种与时俱进的能力。挣钱谋生这个能力是我们一辈子都需要积攒的，贫穷本身并不可怕，可怕的是知识的匮乏和思维方式的落后。不识字很可能会将风油精当做眼药水滴在眼睛里，孤陋寡闻让你词汇匮乏，言之无味。在谋生之余精神无所寄托，永远都停留在女人的脯前四两、脐下三尺的原始欲望里，成天吃肉喝酒就是享受。"

读书并不是为了升官发财，而是为了让自己活得更有价值有意义。你的思想充实，心灵干净纯洁，这就是读书真正想要给你的财富。充实，才是人生最高的境界。

少一些功利心，多一些享受心，就能更好地享受读书带来的乐趣。不以读书来做升官发财的目的，而是把读书作为提升自己的素质、丰富自己的内心的一种乐趣来对待，读书就会成为最大的快乐。

非功利性的读书，才是真正享受读书的境界。爱读书的人常常有这样的体会，下班后，打开一本书读进去，就会进入忘我的境地，不知有汉，何论魏晋，陶然忘机，完全丢掉了日间工作所遇到的烦恼。在此时，就会享受到读书的最大快乐。晋人陶渊明从不为功名利禄而折腰，他视功名为粪土，作《桃花源记》，归隐田园。虽然晚年生活贫困潦倒，但他依然乐在其中。弹无弦琴，读书不求甚解，他所得到的恐怕也就是这样的境界吧。

读书，最大的益处不是为了找到一份更好的工作，也不是换得更为丰厚的薪水，最根本的目的就是提升自己。不以读书做功名利禄的垫脚石，而是用读书做自己心灵的伴侣，这样读书，才有意义。少一些功利心，让自己因为热爱阅读而阅读，因为享受阅读而阅读，从阅读中获得乐趣，让书里的知识带你自由畅游，抛弃世俗，做个内心平静温暖的人，快乐就会如影随形。

5. 为阅读而阅读，风吹哪页读哪页的快乐

阅读的至高快乐，可以总结为四个字："随性而读"。为了阅读而阅读，不仅仅是为了感受阅读带来的美好和满足感，也是为了拥有"宠辱莫惊，闲看庭前花开花落；去留无意，漫随天外云卷云舒"的态度，更是为了陶冶情操，让自己快乐。风吹哪页读哪页，为阅读而阅读，抛弃世俗，只享受当下。这样的读书境界，当是最美好的。

读书不是什么十分沉重的事，而应该是放松的，娱乐的东西，我们应该享受它，并且应该乐在其中。只是现代社会发展太快，快到我们甚至连读一本书的时间也没有，每天挤在拥挤的地铁里上班下班，哪里还记得读书呢。

北宋大文学家苏轼的《文说》中，他谈到他的散文写作时说："吾文如万斜泉涌，不择地而出。在乎地，滔滔汩汩，虽一日千里无难；及其与山石曲折，随地赋形而不可知也。所可知者，常行于所当行，常止于不可不止，如是而已矣。"行于所当行，止于所不可不止，翻译过来的意思就是，在该走的时候走，在不得不停的时候再停。这两句话蕴含着顺其自然，顺势而为的人生哲理。这样的哲理不仅适用于读书，也适用于人生这本最厚的书。

阅读使人快乐，她让我懂得什么是美，什么是丑，让我区分善与恶；阅读使人快乐，她丰富了我的课外活动，充实了我的心灵；阅读使人快乐，她让我体会到了人间真情与纯真友谊。走进书香，细细品味《钢铁是怎样炼成的》；走进书香，认真阅读古今的名家大作；走进书香，仔细推敲书中的字词、语句。

摒弃那些教条式的教育，让阅读变得简单快乐起来。"过去不提，未来不想，现在随缘。"这是《咬文嚼字》主编郝铭鉴老师给编辑做报告时说的。"读书的定向性不要太强，风吹哪页读哪页，零珠碎玉连缀起来就能成为一串项链；有计划的读书是学校里的读书方法，不能作为编辑的读书方法，做编辑之后就没有这个条件了。"不要带有目的性地读书，应该想读就读，不为功名利禄，不为考试升学，只为讨好自己，让自己快乐。风吹哪页读哪页，绝好的生活姿态，不仅仅适合书房。时间最顽强，一切由不得时间。既然由不得，就只有随缘——风儿吹开哪页，就读哪页，感受当下的快乐，未来的事，交给明天，今天的努力，不正是为了明天的幸福吗？

选一个悠闲的午后，一杯浓香的咖啡，一本经典的书。翻到哪页就认真地读哪一页，感受这种随遇而安的舒适，享受这种没有禁锢感的自由自在。或是风清月朗之时，一窗明月半床书，拥衾而卧，心静如水，"无丝竹之乱耳，无案牍之劳形"，有清泉绿茶之为伴，信手抽取一册心仪之书，恭敬地捧读，与一个个精彩的头脑作精神的交流和心灵的激荡，不也是对自己一日劳作的一种奖赏吗？累了倦了，便拉灭灯，走到窗前——静静地读月。那月，就是当年《诗经》里的月，唐诗宋词里的月，是曾经照耀过李白苏东坡的月，那么亮。这是最值得珍惜的当下，最美好的当下，最珍贵的享受。

6. 避开阅读的误区

阅读也要用正确的方法，避开阅读的误区，才能让阅读发挥作用，才能让我们在阅读中学到的知识。那么都有哪些阅读的误区？我们又应该如何去避开呢？

第一个阅读误区，就是功利性阅读，就是带有强烈的目的性阅读。比如说有段时间要考试了，给了你两本名著，告诉你，好好看，考试内容都在书里了，于是你每天废寝忘食，不分昼夜地去啃这两本书。最后考试了，题都做完了，也都会做，考完试，书也扔掉了，知识也忘光了。再过段时间，别人再向你提问书里的内容时，

避开阅读的误区

你就会一片空白，忘得一干二净了。那么该如何避开这种误区呢？其实这很简单，就是不论考不考试，不论是不是需要用到这两本书，只要这两本书在身旁，就每天都读，每天都记忆。这样书里的知识才能为我们所用，才能让我们的知识不断地积累。

第二个阅读误区，是不投其所好的阅读。就像是病急乱投医，无头苍蝇一样。不知道自己的喜好，没有兴趣就随便选择一本书来读，这样的读书一点用都没有，反而会造成疲劳阅读。所以解决这种误区的方法，就是要投自己所好，读自己感兴趣的书，并且让自己投入到这本书当中去，这样，才能让自己读得快乐，读得有效率。

第三个误区，就是疲劳阅读。在疲劳的时候阅读不但没有效率，对身体也没有什么好处。反而还会出现对阅读的抵抗感和厌烦感。所以阅读时一定不要在疲劳的状态下读书，要给自己计划好读书的时间，订制好要读的页数，这样不但有趣，也在快乐中学到了知识。

第四个误区，是攀比读书。莫要与人攀比，不要看别人读的书比你读的多，就读完一本也不做思考就继续马不停蹄地去读下一本，这样的后果就是，不但上一本的知识没有记住，下一本的知识也记得不完全。读书要求的是质量而不是数量，所以读书一定要注重读书质量，要把每一本读过的书都参透，不攀比，找到适合自己的读书方式。这样才能更

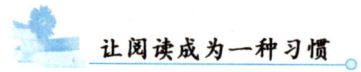

多地学到书中的知识。

　　找到适合自己的读书方式是避免读书误区的重要方法，因为读书快乐才选择读书，而不因必须读书才读书。多读，在读书中寻找读书方法，在读书中积累知识。

　　因此，避免读书的误区，才能让书本中的知识得到充分的利用，才能让自己更加明智，更加聪慧，书籍是我们进步的阶梯，用正确的方法阅读，绕开误区，让书籍成为我们的人生导师。

从兴趣出发，选择自己爱读的书

因为喜欢，所以追求；因为喜欢，所以执着；因为喜欢，所以乐此不疲。选择自己喜欢的书，因为兴趣才读书，多读有用的好书。书中自有颜如玉，书中自有黄金屋。

让阅读成为一种习惯

 1. 开卷有益，只要愿读就有收获

所谓"开卷有益"，意思就是读书总有好处。只要愿意读书，就能从书本中有所收获。陶潜在《与子俨等疏》里有一句，"开卷有得，便欣然忘食。"说的就是读书有所得之欣喜之情。

> 开卷有益的成语，出自宋太宗。宋太宗每天读《太平御览》等书二卷，漏了一天则以后追补，他说："开卷有益，朕不以为劳也。"这是开卷有益的出处。《太平御览》采集群书1600余种，分为55门，历代典籍尽萃于是，宋太宗日理万机之暇日览两卷，且一天都不耽误，他肯定是很享受这个读书的过程的，相信他也从这些书中学到了很多东西。

古代很多名人大家都乐于读书学知识。只要愿意读书，就能从书中获得知识。因为书是人类智慧的结晶，书是历史经验的总结，书是社会生活的反映。读书，可以彻悟人生意义；读书，可以洞晓世事沧桑；读书，可以广济天下民众；读书，可以深入科技殿堂。人欲成才，士欲济世，务必开卷读书。开卷有益，只要愿意读书，就能从书中领略到别处所没有的大千世界，让自己学识渊博，见识不凡；只要多读书，就能洞察人生的奥秘，定位人生的追求，做出不凡的成就。古今中外，"凡伟大者都是读书者"。这样的伟人我们可以列出长长的、数都数不清的名单来。他们伟大的成就，都源于他们热爱读书，源于他们有良好的阅读习惯。

第三章 从兴趣出发，选择自己爱读的书

马克思爱读书，而且从读书中获益甚多。他先后在波恩大学、柏林大学研究法学、历史和哲学，因而在以后的革命活动中能有两个空前的伟大发现。他写资本论就读了自藏书一千余本，还到大英博物馆里看了三间房子的书。马克思得开卷之益，说也说不尽。

华罗庚爱读书，从小就打下了很好的数学和语文基础，曾写过几百首诗词，还写过许多散文和通俗生动的科普读物。初中毕业时，就写出数学论文《苏家驹之代数的五次方程式解法不能成立之理由》。论文层次清楚、语言简练，精辟地指出了苏家驹教授《代数的五次方程式之解法》的错误。

古人说，人可一日不食肉，不可一日不读书。世界名人培根说过："读史使人明智，读诗使人巧慧，数学使人精细，博物使人深沉，伦理之学使人庄重。"不管什么类型的书，只要认真去读，都能从中受益。博览群书能使人拥有高深的学问，能言善辩，受人尊敬。古代诗圣杜甫有句名言："读书破万卷，下笔如有神。"多读一些有益的书，还能帮助我们写出好文章。书是全世界人的营养品，只要打开书本，认真来读，就能从书中汲取无尽的营养。开卷有益，读书有益，多读书吧。

读书会使人思想升华，心灵净化，提高人的自身素质。就拿高尔基来说，他开始只不过是一个店里的小伙计。假若他不读书，不求知，就不会有渊博的知识，高超的写作水平，他又怎么会感到"生活对我也变得越加光明和有意义"。这就是博览群书的结果，使文学史上多了一位伟大的作家。很多成功人士，都愿意花更多的时间来升华自己的文化知识，丰富自己的眼界。还有很多的演员等艺术工作者也越来越多地选择读书深造学习。

房地产大亨潘石屹，虽然坐拥上亿资产，享尽荣华富贵，

让阅读成为一种习惯

但知情的人都知道,他是从一个贫困山区走出来的农村娃,靠着一步一步努力,凭借自己的聪慧和努力才得到了今天的地位。然而尽管现在的他腰缠满贯,他仍然不会怠慢的一件事就是读书。曾经在资料上看到,他成立了一个"父子工作室",在孩子们读书的时候,他也会跟着读书,并且时常向孩子们讲述故事,教导他们要好好读书,努力学习。很喜欢他说过的一句话:"人的语言能力和表达能力的提高,绝不是光靠上语文课,最关键的是,不断地听、读和看别人写的东西,并且不断反思,为什么别人会这样看待一件事情,换在自己的角度自己会怎么想。"

他喜欢读黄仁宇的书,就把他的书全部买来读完,喜欢看南怀瑾的书,就随时随地都放着他的书,有时间了就拿出来读。他很喜欢阅读历史和古代文化,认为只有对历史看得够远,才会对未来看得够远。他现在的成就,都不是空穴来风的,他的成功是有道理有依据的,而且越优秀还越努力,一个好的循环就形成了。

只要愿意读书,就能让自己改变。大部分书教给人们知识,但也有一部分书是一面镜子。比如经书。《易经》《佛经》等之类的书,就像一面镜子,可以审视你的灵魂,与你的心灵对话。这种书不仅让你获得心理上的安抚,还一点一点渗入你的思想,改变你现有的浮躁的性格,使你的性格平静下来。

演员孙俪,一路走来都像是被上天眷顾的幸运儿,没有绯闻,没有耍大牌的性格,随和并且平易近人,遇事从来都是随遇而安,不骄不躁,尽管取得很多成就也依然虚心做人,低调做事,并且不断做慈善来帮助需要帮助的人。做访谈时,她说自己也只是个普通人，也是内心柔软的人。这和她喜欢读书离不开关系。她很爱读书，尤其是后来喜欢读经书，也热爱书法。经常可以看见她在社交网站上分享自己读的书，《黄帝内经》《易经》等，她也曾透露，在平时闲余时间，喜欢安安静静读一读这些书，经书教会她理性面对自己内心的浮躁，也让她在这些功名利禄中依然保持初心，低调地做一个内心外表都美好的人。

只要愿意读书，总会得到人生启发。无论什么类型的书，都一定有它的主题，有的突出的是生活方式，有的突出的是工作方法，也有的是心灵激励。但不管什么类型的书，都一定能从不同角度给你带来启发。

斯蒂芬·威廉·霍金，一个传奇般存在的人物，被医生诊断活不到两年的他，不但顽强地活了下来，还活得十分精彩令人敬佩。身患恶疾，不能走动不能言语，但硬是靠自己仅能动弹的三根手指和两只眼睛，创作出《时间简史》，为科学领域做出了巨大贡献。对于他来说，读书是一件十分困难的事情，但也是他每天最幸福的事。尽管呼吸都有困难，但只要坐在轮椅上打开电脑页面，他就要开始阅读，所谓上知天文，下知地理，说的大概就是他这种人了。书本给他带来了很多很多的启发，给他生存的力量。他说："一个人即使身体有了残疾，绝不能让心灵也有残疾。"读书正是支撑他顽强生命的巨大动力之一。

只要愿意读书，书就会给你带来意想不到的收获，就会让你感受知识的神奇，读书可以改变命运，这句话一点也不假。不要再给自己找什么工作太忙没时间看书之类的借口了，把逛街玩游戏的时间腾出来一点点给阅读，阅读会带给你意想不到的惊喜。

让阅读成为一种习惯

2. 读书，从选一本好书开始

开卷有益，但盲目开卷，则会有害。所以，真正的读书要从选书开始。读一本好书、才能真正有益于自己。

开卷有益并非对所有的书而言，英国作家菲尔丁所云："不好的书也像不好的朋友，可能会把你戕害。"故而开卷有益，打开的应当是一本好书，一本对人生有意义的书，而不是一本坏书。

什么是坏书？能把人引向邪路的，绝对是坏书。比如宣传"黄赌毒"的书，比如腐蚀人的思想、灌输邪教理论的书，比如影响一个人的思想使他脱离善良和正直甚至走向犯罪的书……都是绝对的坏书。还有一些书，不如上面说的这些这样严重，但却思想不健康，对我们没有多大帮助，只会让我们浪费时间和精力，也算得上是坏书，这样的书，也是不值得一看的。要看书，就看一些有利于我们身心健康，对我们学习、工作和生活都有帮助的书。这样的书就是好书，只有看好书，才不会毁了自己。有人把书比作了朋友，看好书，就是交好朋友，才会进步；看不好的书，如同交不好的人做朋友，那样你就会退步。因为近朱者赤，近墨者黑！

有位哲人曾说过，能够摄取必要营养的人，比吃得很多的人更健康。同时，真正的学者往往不是见书就读的，而是会选择好书来读的。真正要读书，就要从选择一本好书开始。

那么，什么样的书是好书呢？

有人说：一本好书的标准就是它可以放在时空这个纬度上依然可以称之为好书，经过时间的流转，观念的变化，时代的变迁依然不褪去色彩，不被人们淡忘的就是一本好书。

这样的定义无疑过于笼统，其实在每个读书人的心底，都有一个好书的标准。如当代学者袁岳，就说：

> 一本书，能够让人看后明白一点它在说啥，那是一本合格的书；一本书能让人饶有风趣地读完，掌握其基本意思，那就是好书；而如果一本书能启发人思考，让人由此而对很多问题的认识产生了新角度，那么这本书就是一本具有开发能力的上好的书。这样的功效是怎么来的呢？一是搜集资料与依据的扎实；二是洞察角度的独特，而且更多来自有感而发；三是知识面整合的新颖性与独特性；四是叙述方式的趣味与自然。我自己的阅读是喜欢生涩与通俗兼备的，所以我对于哲学类与漫谈类两类文字都有爱好，而比较来说新知面广泛的通俗类读物更让我有启发的作用。坦率地说，在我到目前为止多达一千多万字的写作中，60%~70%的文字来自于读书时候受到的启发，它们就像是激活我内在心智资源的钥匙，也是我对新书不绝的期待的动力。其实我们不知道好书在哪里，但好书真的在那里，你一眼下去是可以找到感觉的。

总结起来，好书的标准大致有如下这些，聊供读者参考：

第一，其主旨的正直和思想的深刻。一本书好不好，关键看其立意是否正直、向善，引导人们向着更美好、更智慧、更正直的方向行进；再看其能不能深刻地影响人，深刻地影响他们走向未来的方向。选择一本适合自己，并且可以给自己带来提升的书籍，才是最明智的。

第二，要让人有收获。一本真正的好书，不论是优秀的文学作品，还是实用性强的读物，都要让读者有所收获，才是好书。作者在内容中凸显出的观点对于读者的思想尤为重要，从中收获的东西也十分重要。

对于职场员工来说，读一本优秀的职场文学作品，相当于上了一堂职场培训课。像安东尼罗宾的《唤醒心中的巨人》，这本书操作性很强，没有长篇大论的空谈，能很好地帮助调节情绪，提升自信。还有卡耐基的《人性的弱点》，该书汇集了卡耐基的思想精华和最激动人心的内容，是作者最成功的励志经典，书的唯一目的就是帮助人们解决所面临的最大问题，比如：如何在日常生活、商务活动与社会交往中与人打交道，并有效地影响他人；如何击败人类的生存之敌——忧虑，以创造一种幸福美好的人生。

第三，要有用处。好书都有其效用价值。一本好书不会因为时代的变迁而被掩埋。越出色的作品，越是脍炙人口的优秀文学，越是容易让世人传颂。如一些经典之书，一些传世之作，都是好书。像《名人传》，由法国著名批判现实主义作家罗曼·罗兰创作的

读书从读一本好书开始

传记作品，它包括《贝多芬传》《米开朗琪罗传》《托尔斯泰传》三部传记。《名人传》创作于二十世纪初期，无论在当时还是在后世都产生了广泛的影响。传记里的三人，一个是音乐家，一个是雕塑家兼画家，另一个是作家，各有自己的园地，三部传记都着重记载伟大的天才，在人生忧患困顿的征途上，为寻求真理和正义，为创造能表现真、善、美的不朽杰作，献出了毕生精力。这本书对职场人员而言，无疑和教科书一般，让人醍醐灌顶，收获颇丰。

第四，有价值。一本好书不论它的内容是什么，它都是有价值的。若是文学，一定好看耐读，能唤醒读者心中的一些东西，并对读者的价值观产生一定的影响，像那些伟大的文学名著；如果是资料性的书，一定会对读它的人有很大的帮助，像字典、词典；如果是技能之类的书，一定可以让我们学到一些实用的技巧。这样的书都是有价值的，都是好书。很多人读书都爱读小说，这本没有什么错，但有的小说，特别是现

在的很多网络小说，完全没有任何营养，都是假大空的语言，用词浮躁奢华，并不会给读者带来什么收益，而且就算带来了乐趣，也只是暂时的、无价值的乐趣。一本书读完，什么也没记住，只记得了男女主角之间发生的爱情故事和他们的爱情结局。这样的书，其实并无多大价值。

第五，好书都是校点精确、很少错别字和语法错误的书。一本好书，纸可以稍劣，印可以略粗，装可以趋简，但字万不可有错。读书看到错别字，当然是可以联系上下文了解正确的意思是什么的，但再好的内容也会大打折扣，就像吃一盆精美绝伦的菜时发现了一只苍蝇一样，让人大倒胃口，大大影响读书的兴趣，也会让这样的一本好书变了味道。

当然，好书的标准远不止这些。从类型上来说，有小说、散文、诗歌、理论、实用技能、工具书等各种各样的类型，要学会从浩如烟海的书籍中找到一本好书，并不是一件容易的事情。但不论多难，都一定要记得选择，万不可不分青红皂白，拿一本书就花力气去读，那样的读书和南辕北辙一样可笑。不仅无益，还对自己有害。所以，选择适合自己的书阅读，选择优秀的作品来读，读自己喜欢的书籍，才能从中获取有价值可以利用的知识。

3. 如何选到自己心仪的书

现在国内每年出版书籍上千万种，再加上外国出版的那些书，简直多如牛毛，这些书我们根本就看不完。如果不巧我们读到的书是没有营养的书籍，那么不仅浪费金钱而且浪费时间。这简直就让人生气，所以挑选一本好书就成了关键。

学者王力在《谈谈怎样读书》中就说到选书的重要性：

> 中国的书是很多的，光古书就浩如烟海，一辈子也读不完，所以读书要有选择。清末张之洞写了一本书叫《书目答问》，是为他的学生写的，他的学生等于我们现在的研究生。他说写这本书有三个目的：第一个目的是给这些学生指出一个门径，从何入手；第二个目的是要他们选择良莠，即好不好，好的书才念，不好的书不念；第三个目的是分门别类，再加些注解，以帮学生念书。从《书目答问》看，读书就有个选择的问题，好书才读，不好的就不用读。他开的书单子是很长的，我们今天要求大家把他提到的书都读过也不可能，今天读书恐怕要比《书目答问》提出的书少得多。我们没有那么多时间，因此，选择书很重要。如果不加选择，读的是一本没有用处的书，或者是一本坏书，那就是浪费时间。不只是浪费时间，有时还接受些错误的东西。

可见读书一定要有选择，要选择适合自己、又喜欢读的书。那么，如何选到自己心仪的好书呢？

一看作者。

书是谁写的，会影响书中内容，作者是否有名气就比较重要。如果是知名的大学者，那么我们会读到好书的概率将会大大增加，因为知名的人比较爱惜自己的名声，不会轻易写些烂书来糊弄读者。当然我也不是说没有名气的作者就不要看，这是一般情况。也有很多有名气的人利用他们的名气来糊弄读者。所以，最好能够多搜索一下资料，了解作者的背景和修养之后，再考虑是否购买。

先看这个作者是不是这方面权威的专家或者大师，和有过什么成就。这些一般都在书封面往里面折的位置，甚至在封面上直接有作者照片。大家还可以在网络上搜索一下有没有作者的资料看看他的成就。

再看是否曾经读过作者的书籍，感觉如何。一般好的作者，他们写的作品都不会太差，很多的读者都会对同一个作者的书评价不错。这也是我们挑选的参考标准。

看其他读者对这本书或是这个作者的评价，也是选书时的重要参考。该书是否好评如流，现在有很多推荐网站，也有搜索引擎。很多人会分析他们的书评，读后感，还有对书的评价。这些都可以作为我们的参考。

最简单易行的，是选自己喜欢的作者的作品。比如读了村上春树的《挪威的森林》，觉得他的书很有意思，就继续找他的作品来读。可能同一个作者的不同作品的写作风格仍然相同，读多了就觉得有些乏味枯燥，但是好处在于，能通过这些作品，总结出这个作者用作品来给读者表达了什么样的观点，讲述了什么样的道理。这样以后再遇到他的书，就能很快猜透他这本书可能会描写的东西，这也是读书中十分有趣的事。

对于作者，还可以从喜欢的作者那里来认识新的作者，在喜欢的书刊杂志里寻找推荐的作者。在自己喜欢读的书里，挖掘作者提到的自己所喜欢的作者。

二看书的性质。

这个性质不是别的性质，而是书的编写性质。包括著、编著、主编、编译、译等。著，一般是指原著或原创的书，这样的书比较有价值。编著，大多都是到处收集相关资料后经过作者的重新编写后出版的。这样的书良莠不齐，有好有劣，有些作者根本不用他本人的真名。主编，是指一个团队出版的书。写这书的人在两人以上，要看有没有主编的介绍或者团队介绍，还要看看这是不是权威机构。编译，是指在原著的基础上进行了一定的修改，与原著还是有差别的。译，是指直接从原著翻译成汉语，与原著的差别只在于译者的水平，所以"译"的书更接近原著。但译也有高下之分，一般来说名家译本或是评价高口碑好的译本更有价值。

一般翻译过来的书普遍都很有价值，反过来想如果写得不好也不会被翻译了。有些古典书籍比如：《孙子兵法》《唐诗》《论语》等主要是由古文的原文加注解，这类书本身都有价值，唯一的差别在于编写人的水平和注解所举的事例说明是否更详细。

三挑出版社。

对于国内出版社来说，各有专攻，不同的出版社有不同的品牌。比如商务印书馆的字典词典，就是最好的版本。所以选书时要看该出版社在行业领域是否有权威。因为好的出版社都拥有比较雄厚的资力，他们会对书籍的质量进行把关，为读者负责。比如在文史哲方面，三联书店出版的书，质量不错；而在会计审计和财务方面，人民大学出版社就有很好的口碑；对于计算机方面的书籍来说，机械工业出版社、清华出版社都很不错；对于古文和国学经典书籍，中华书局无疑是不错的。

四看其他信息。

比如书籍的内容分类，这个信息可以帮我们快速了解书籍的内容，因为有些书我们并不能通过翻一翻就能快速判断书籍的内容。这条信息可以让我们快速对书有个了解，如果再配合书籍的前言和后记，很容易就可以掌握书籍的内容。

再如印数、印次和版次。质量好的书往往会一版再版。一般翻印的次数越多和印数越多，那它的价值就越高，但新书除外。有些书尽管还是第一版，但已经重复印刷了很多次，也说明该书的受欢迎程度。

还可以看看序、前言、后记及参考书目和参考文献。有些作者会请那些有名望的人来写序，序往往是他人对此书的评价，当然肯定是正面的评价，因为作者也不会傻到找一个专门喜欢说他坏话的人给自己写序。被邀请作序人都比较爱惜自己的羽毛，他们说的基本都是可信的。

序言会介绍关于书的一些情况，还有对书的评价。前言，往往是作者向读者交代的书的内容，锁定的读者群体，以及如何使用该书的方法和建议。这些内容相当重要，有些作者还会介绍书籍的标记和规定。如果不看，那么你将很难看懂该书。后记可以提供一个更好认识作者的机会。这也使我们挑选书籍多了一些判断根据。

装帧也是一个方面。好的书籍装帧往往并不花哨。大师级的设计往往是有共性的：那些设计通常是简单，朴素，却又让你明显体会到高雅的质感。还有就是书籍版面，因为内容充实，所以他们不必用花哨的版面来吸引你，一般都较为朴实。

五在自己喜欢的类型里挑选。

选择自己喜欢和感兴趣的主题，从这一个主题出发，延伸出去。可以根据自己的目的和主题，去确定自己想要读的书，这样就可以在各种类型的书籍中选出自己想要读的书了。

如果不能明确自己想要看什么样的书籍，可以通过互联网上的书评，来挑选一本自己稍感兴趣的书来试读。一般网络上评分较高的，阅读量也比较高的作品，通常来讲应该是比较适合各个年龄段的读者的。

六是试读。

先读目录。好的作者都会精心地设计目录，因为目录就像骨架一样，能让人看出书籍的脉络。所以，挑选书籍的时候，一定要记得看看书籍的目录，顺便了解其大概内容。去书店或是在网上试读，直接体验书籍，看看是否值得我们阅读购买。

七是通过朋友推荐来挑选。

当我们关注某个领域的时候，我们可以选择到网络搜索，看看专家、同好及朋友推荐的书籍，查看该领域的经典书籍，这样挑选的书籍质量就高了。当然，也可以根据参考书目，找来书籍阅读，这样对拓宽自己的知识领域也有很多帮助。

八是可以选书中提到的书。

我们在读书的同时会发现书里还会推荐很好的书，比如王小波书里出现的杜拉斯，村上春树书里的钱德勒，比如《读者》里提到的一大堆作者及书的名字。这些名家推荐的书一般都是值得一看的好书。

通过这些方法，我们可以选择到自己心仪的好书，那么接下来要做的事就是认真仔细地阅读了。持之以恒地读下去，养成阅读的好习惯，培养自己的内涵和文化素养，这样才能在这个被利益熏染的职场成为出淤泥而不染的那一个。

4. 聪明读历史，汲取前车之鉴

天圆地方，大国泱泱，甲乙丙丁，周吴郑王。面对中国的历史文化，我们总是会感叹文明的深厚和悠远。而悠远历史留给我们的是一幕幕鲜活的故事，从这些故事中我们能看尽天下兴亡，人世沧桑，也学会为人处世。所以，读史，最需要的是鉴古知今。

读史可以使人明智，鉴以往可以知未来。历史是发生在过去的故事，却是印证在未来的事实。古今中外，众多杰出人物留下过"以史为鉴"的忠告和劝诫。然而，雨果说："历史是什么，是过去传到将来的回声，是将来对过去的反映。"读历史，不仅让我们了解过去的经典，还能让我们从历史中学习到古人的智慧，并且加以利用。

唐太宗李世民通读历史，满腹经纶，坐上皇位以后，以隋亡为鉴，开始了"贞观之治"。他是历史上有名的明君，曾说："以铜为鉴，可以正衣冠；以史为鉴，可以知兴衰；以人为鉴，可以明得失。"他认为历史是一面镜子，可以通过了解历史，来判断一个国家的兴盛衰亡。在为帝之后，积极听取群臣的意见，对内以文治天下，虚心纳谏，厉行节约，劝课农桑，使百姓能够休养生息，国泰民安。对外开疆拓土，攻灭东突厥与薛延陀，征服高昌、龟兹、吐谷浑，重创高句丽，设立安西四镇，各民族融洽相处，被各族人民尊称为天可汗，为后来唐朝一百多年的盛世奠定重要基础。他的一生充满传奇，深受百姓爱戴，并被后人称赞。他的成就离不开他的聪慧，他的聪慧离不开他喜欢读史的习惯。

读史是为了鉴今，为了明智，为了从历史中找到解决问题的方法，为了避开曾经的失误，走一条更安全明智的路。唐太宗无疑是会读史的人。

所谓读史明智，就是说我们对历史的了解，不能仅仅局限在知道历史，这只是了解历史的一个方面，而历史与我们关系更密切的是能够告诉我们智慧，这比单纯了解历史更重要。历史本身就充满了人生智慧、政治智慧、军事谋略等各种各样的智慧。所以，读史的目的并不是仅仅了解一个年代、一个人物和我们这块土地上曾经发生过什么，而是我们能够从中明白道理，知道怎么样去做事。这才是读史的正确方法。

读史明智，是每一个读书人内心的渴望。大哲培根曾经说过："读史使人明智，读诗使人灵秀，演算使人精密，哲理使人深刻，伦理学使人庄重，逻辑修辞使人善辩。"读史如何明智？肯定不是死记硬背一些朝代时间大事件大人物就能明智的。只有真正从史书中读出一些体会，跳出固态知识的范围，将史书变成方法论，也就是通过研究历史更替的规律和梳理塑造历史观，提升自身逻辑能力和分析能力，并从历史事件中发现解决今日问题的方法，才能真正明智。

让阅读成为一种习惯

毛泽东同志酷爱读历史，是一个会读历史的典范。有一篇《毛泽东读书笔记精讲》的文章中说道："毛泽东的经验、智慧和才情，来源于对中国历史和现实的调查研究，来源于中国革命和建设的丰富实践，也来源于他对古
今中外书籍孜孜不倦的阅读理解和发挥运用。从毛泽东的阅读可看出，他对前人和同时代人创造的思想、提供的知识、积累的经验，是如何吸收、扬弃和发展的。毛泽东在革命和建设中的实践创造，多多少少可以从他徜徉的书籍世界里找到一些伏线。也就是说，毛泽东通过阅读积累和营造的'胸中日月'，到他通过实践积累和创造的'人间天地'，是有迹可寻的。博览广学，深读细品，赋予他观察和认识主客观世界的科学方法，赋予他领军、理政和治国的思想智慧，赋予他独具魅力的人格内涵和领导能力。"他将古人留下的治国之道、平民之策都一一通读，借鉴古人的才华和思想，领导中国革命向前发展。

和其他文明古国相比，中国有着最悠久、最丰富、最连续、最完整的历史记录。一部二十六史，就已经给我们提供了足够丰富的阅读资源。掌握读史的方法，用心读史，一定也会有不同的感悟，会让我们明智、明理、明心。

 5.浪漫读诗歌,涵养高华的气质

中国是一个诗的国度,在几千年浩瀚的文学长河中,积淀了许许多多瑰宝般的精华。不管是古典诗,还是现代诗,都是中国文学星空上一颗颗耀眼的明珠,都是中国文学百花园中的一朵朵奇葩。

诗,皆为诗人感于物而作,是诗人心灵的映现。一首好的诗歌,往往给人塑造一种美丽的氛围和意境,让人读起来身心愉悦,于内心深处产生共鸣效应,并因此而让自己也变得轻灵,变得高华,变得清俊起来。

你看,"此去经年,应是良辰好景虚设";你听,"寒蝉凄切,对长亭晚,骤雨初歇";你闻,"迟日江山丽,春风花草香";你尝,"长江绕郭知鱼美,好竹连山觉笋香"。这些诗句是多么浪漫美好,古人留下的唐诗宋词,当代人的浪漫诗歌,都是我们难得的宝藏。浪漫读诗歌,让我们感受古往今来文人的优雅笔墨,感受诗歌带来的内心荡漾,让我们变得更加有涵养。然而,诗歌作为文学中的精粹,读来容易,读懂不易。如果不能读懂一首诗,不能真正了解诗人所要表达的情感,那么,读诗就只能停留在字面上的欣赏。所以,要真正读懂一首诗,是需要一定的方法的。

古代诗词是古代文人雅士留给我们最浪漫的遗产。那些语言有时抑扬顿挫,有时清新典雅。但不论是何种形式的作品,无疑都是一部部浪漫的黑白胶卷。诗词大都是表达作者的内心情感,或悲或喜,或伤或欢。我们从诗词中,能感受到这些人生百态,让我们学会用心感受生活,品味人生。还能从中学到坚韧的品格,豁达的胸怀,读古代诗词能让我们活得更加精彩和潇洒。

那么，诗歌究竟该怎样来读呢？

古代诗词的读法与现代诗歌的读法显然是不同的。古诗词要从意象、韵律、情感和意境等方面来读，从而深刻了解诗歌的音韵之美、画面之美、内涵之美、意境之美和情感之美。读古典诗词就要体会到这些诗词之美。

（1）诵读诗歌，感受音韵之美

古诗词都是朗朗上口，铿锵有声，有一种天然的乐感，让人感受到悦耳顺畅的音韵美，均匀和谐的节奏美。节奏划分各不相同，古诗的语言就显示出一种疏密相间、缓急交替、整齐匀称的节奏美。加之古诗词都有固定的格律和字数限制，优秀的诗词也十分讲究用词的精当确切、凝炼含蓄，有时一字一词，包含极丰富的内容。因而古诗词适宜诵读。通过反复吟诵来体会文章的美感，以声带情、以形入情，是这一鉴赏方法的最大特点。宋代大家朱熹曾经说过："诗须沉潜讽诵，玩味义理，咀嚼滋味，方有所益。"只有经过充分地、反复地诵读，设身处境地进入诗的境界，仔细体味每个重点词句的含义，细致感受其中的形象美，才能深入地领略作品中的情致和趣味，从而获得审美的愉悦。

（2）丰富想象，感受画面之美

古典诗词意象丰富，诗中有画，画中有诗。正如苏轼在评论唐代大诗人、画家王维（摩诘）的《蓝田烟雨图》时说："味摩诘之诗，诗中有画；观摩诘之画，画中有诗。"可见诗与画是有共同点的。可以说"诗是无形的画，画是有形的诗"。诗与画之所以能够相通，是因为两者有某些共同的审美特性，如诗与画都具有色彩美、结构美、韵律美、意境美，等等。因此，唐宋许多著名诗人的诗句，常常被人选作绘画的题材。读的时候要善于联想，感受其中的画面之美。

如骆宾王孩提时所作的那首脍炙人口的《鹅》:"鹅,鹅,鹅,曲项向天歌,白毛浮绿水,红掌拨清波。"当你闭上眼睛,脑海里就会浮现出这样一个画面:一弯清澈见底的池塘,几只浮云般的白鹅,仰天长鸣,在水中嬉戏、游玩、追逐,红色的鹅掌拨动着绿水,这样的描写构成了一幅色彩明丽的群鹅戏水图,且声、色、形俱佳。读这首诗,我们不能不对诗人小小年纪就具备这样的感知能力表示惊叹。

(3) 认真体会,感受意境之美

"有境界自成高格",古典诗词都很讲究意境,意境美也是古典诗词独特的美感。意,指作者的立意,即思想、情感;境,指作者所描绘的环境,包括自然环境和社会环境。所谓意境,是艺术家的审美体验、情趣、理想与经过提炼、加工后的生活图景融为一体而形成的一种艺术境界。如《春江花月夜》里那种清俊之美,《江雪》的幽静之美。

柳宗元的《江雪》:"千山鸟飞绝,万径人踪灭。孤舟蓑笠翁,独钓寒江雪。"诗人以寥寥的二十字,描绘出了一个幽静的环境。在"千山""万径"的寥廓空旷之中画一"蓑笠翁",在"绝""灭"的死寂冰冷之中着一"钓"字,使全诗境中有人,静中有动。全诗通过描绘老渔翁寒江冬钓图,向我们展示出天地之间是如此纯洁而寂静,渔翁的生活是这样凄冷孤寂,老渔翁的性格是如此孤标独傲。这种意境之美,需要用心去体会。

(4) 深入求索,感受内涵之美

中国美学最讲究含蓄,最忌直白。古典诗词更是含蓄之美的极致。南北朝时期的刘勰在《文心雕龙·隐秀》篇中把含蓄称作"隐",提出

让阅读成为一种习惯

"隐以复义为工""义生文外,密响旁通",也就是说在文章的字面含义之外还应该隐含有另外一层深刻的含义,即"言外之意,弦外之音"。唐朝诗人司空曙则对此又进行了更深刻而全面的阐述,他在《诗品二十四则·含蓄》中说:"不著一字,尽得风流。语不涉难,已不堪忧。是有真宰,与之沉浮。如渌满酒,花时返秋。悠悠空尘,忽忽海沤。浅深聚散,万取一收。"也就是说无需用一个字去把话说明,但是却能直奔主题把意思交代清楚,虽然字面上没有一个"难"字,但是忧苦之情却溢于言表。就好像自然界有某种东西在起着主宰作用,它与人的感情一同起伏,像美酒一样,酿的时间久了,自然会香味扑鼻;像盛开的鲜花一样,到了秋天,就会果实累累。浩瀚的天际有着数不清的微尘,广阔的海洋有着无数的泡沫,它们或深或浅,或聚或散,但只须取其万中之一就足以反映出天空的广袤与海洋的博大了。因而很多诗词都有其深刻的内涵在里面。这需要我们在读诗歌的时候去仔细追索,才能感受到其内涵之美。

比如以含蓄著名的唐代诗人朱庆余《近试上张水部》:"洞房昨夜停红烛,待晓堂前拜舅姑。妆罢低声问夫婿,画眉深浅入时无。"从字面上看是写新婚之妇第二天早上要去拜见公婆之前的那种紧张而有趣的心理状态,实际上却是写诗人作为一名应试举子在面临决定自己前途的一场考试时的不安与期待。他以这首诗来试探有过交往并在当时主持考试的张侍郎,所以他这首诗的题目就叫做《近试上张水部》。

这种别有内涵、含蓄隽永的诗歌在古典诗词里是很多的。如李白的《玉阶怨》:"玉阶生白露,夜久侵罗袜。却下水晶帘,玲珑望秋月。"以白描的手法写思妇的动作与其所处的自然环境,而暗点一怨字,但此妇怨什么?因何而怨,都未言及,留给读者一个很大的想象空间,真可谓言有尽而意无穷。

吴乔在《围炉诗话》里说："诗贵有含蓄不尽之意，尤以不著意见声色故事议论者为最上。"这就是古人说的"不着一字，尽得风流"。我们在阅读、鉴赏一首诗的时候，就要善于把握诗中的意象，并体会意象后面所蕴含的言外之意，这才是成功品读诗歌的重要因素。

（5）将心比心，感受情感之美

诗言志，更抒情。诗是抒情的艺术，情绪和情感是诗的基础。与其他文体相比，诗更能充分地显示诗人的品格和情怀。因而古典诗词中都包含着深沉的情感，很多的诗人都不会在诗歌中直抒胸臆，而是通过各种各样的意象来浸染诗人的感情。

> 例如，李白的《静夜思》："床前明月光，疑是地上霜。举头望明月，低头思故乡。"在这里，月亮这个意象就是诗人思乡的具体表现。再如，"今宵酒醒何处，杨柳岸，晓风残月"中，通过"杨柳""晓风""残月"这三个意象来传达诗人与友人的伤别情怀。
>
> 再如被誉为唐代大诗人杜甫"生平第一首快诗"的《闻官军收河南河北》，这是一首绝佳的抒情诗，全诗充满了喜悦、激动之情。

诗歌之情，总藏在意象之后，如钱钟书先生所说："理之在诗，如水中盐，蜜中花，体匿性存，无痕有味"。诗人的情感总是借助意象来表现，给人以回味。为了探得诗人的情感，我们需用心细细体会古典诗词中那深沉的爱国之情、浓烈的思乡之情、缠绵的男女之情、美好的朋友之情、温馨的骨肉之情。

总之，古典诗歌之美，美不胜收，读来令人心旷神怡，气韵无限。感受诗歌之美，不仅能让我们体会到幽远的意境，也会使我们的心变得清灵、高华，更添美好气质。

> 让阅读成为一种习惯

现代诗歌传承了古典诗词的意象传统和抒情手法，以其高度概括的内容，凝练含蓄的语言，真挚醇美的情感，成为文学领域里一颗璀璨夺目的明珠。如现代诗人作家徐志摩，他的诗歌浪漫优雅，是一种特别舒服的感觉。《再别康桥》，他把离别写得并不沉重："轻轻的我走了，正如我轻轻的来，我挥一挥衣袖，不带走一片云彩。"多么美好的句子。就连柳树，夕阳，小草，在他的笔下也有了生命一样熠熠生辉。这就是诗歌的美好，给所有的事物都赋予了生命，让所有的句子都浪漫美好。

鉴赏技巧与古典诗词并无本质的不同。《如何阅读一本书》里的建议是两个规则：

一是无论你觉得自己懂不懂，都要一口气读完，不要停；二是重读一遍——大声读出来。在阅读抒情诗时，前面这两个规则比什么都重要。我们认为如果一个人觉得自己不能读诗，只要能遵守前面这两个规则来读，就会发现比较容易一些了。一旦你掌握住一首诗的大意时，就算是很模糊的大意，你也可以开始提出问题来。就跟论说性作品一样，这是理解之钥。最后的一点建议。一般来说，阅读这类书的读者感觉到他们一定要多知道一点关于作者及背景的资料，其实他们也许用不上这些资料。我们太相信导论、评论与传记——但这可能只是因为我们怀疑自己的阅读能力。只要一个人愿意努力，几乎任何人都能读任何诗。你发现任何有关作者生活与时代的资讯，只要是确实的都有帮助。但是关于一首诗的大量背景资料并不一定保证你能了解这首诗。要了解一首诗，一定要去读它——一遍又一遍地读。阅读任何伟大的抒情诗是一生的工作。当然，并不是说你得花一生的时间来阅读伟大的抒情诗，而是伟大的抒情诗值得再三玩味。而在放下这首诗的时候，我们对这首诗所有的体会，可能更超过我们的认知。

这样的建议是非常实用的。读诗如春日赏花，于春浓花重间赏其瑰姿；又如午间品茗，于澹远宁静处觉其滋味；还如秋日听琴，高山流水觅知音；更如踏雪寻梅，怀抱雅致寻梅格。可以说，读诗是一种美，读诗是一种乐趣，读诗更是一种享受。经常读诗的人，性格也会变得淡雅高贵，变得有内涵。因为体会诗歌的意境美、含蓄美、音韵美、色彩美和动态美，徜徉在诗歌优美的意境里，流连在诗歌高雅的格调里，心也会静下来，安静地享受诗歌所带来的美的享受，并在这种享受中提升自己。

6. 庄重读经典，从名著中领略经典的魅力

什么是经典？

意大利著名作家卡尔维诺在《为什么读经典》里对经典有14种定义：

（1）经典是那些你经常听人家说"我正在重读"而不是"我正在读"的书。

（2）经典作品是这样一些书，它们对读过并喜爱他们的人构成一种宝贵的经验；但是对那些保留这个机会，等到享受他们最佳状态来临时才阅读它们的人，它们也仍然是一种丰富的经验。

（3）经典作品是一些产生某些特殊影响的书，它们要么本身以难忘的方式给我们的想象力打下印记,要么乔装成个人或集体的无意识隐藏在深层记忆中。

(4)一部经典作品是一本每次重读都像初读那样带来发现的书。

(5)一部经典作品是一本即使我们初读也好像是在重温的书。

(6)一部经典作品是一本永不耗尽它要向读者说的一切东西的书。

(7)经典作品是这样一些书,它们带着先前解释的气息走向我们,背后拖着他们经过文化或多种文化(或只是多种语言和风俗)时留下的足迹。

(8)一部经典作品是这样一部作品,它不断在它周围制造批评话语的尘云,却也总是把那些微粒抖掉。

(9)经典作品是这样一些书,我们越是道听途说,以为我们懂了,当我们实际读它们,我们就越觉得它们独特、意想不到和新颖。

(10)一部经典作品是这样一个名称,它用于形容任何一本表现整个宇宙的书,一本与古代护身符不相上下的书。

(11)"你的"经典作品是这样一本书,它使你不能对它保持不闻不问,它帮助你在与它的关系中甚至在反对它的过程中确立你自己。

(12)一部经典作品是一部早于其他经典的作品;但是那些读过其他经典作品的人,一下子就能认出它在众多经典作品的系谱中的位置。

(13)一部经典作品是这样一部作品,它把现在的噪音调成一种背景轻音,而这种背景轻音对经典作品的存在是不可或缺的。

（14）一部经典作品是这样一部作品，哪怕它与现在占统治地位的格格不入，它也坚持至少成为一种背景噪音。

这样的定义无疑是精准而具有广泛意义的，世界上每一个国家的经典都可以这样定义。而对于名著，《大英百科全书》董事会主席、学者莫蒂然·阿德勒认为所谓名著必须具备六条标准：

（1）读者众多。名著，大都不是一两年的畅销书，而是经久不衰的积淀物。

（2）通俗易懂。名著，是面向大众而不是面向专家教授等特定群体。

（3）永远不会落后于时代。名著，经历了时间的考验，绝不会因政治风云的改变或是某些外力的产生而失去其价值。

（4）隽永耐读。名著，是历久弥新的，文章的思想内涵远远多于书籍、文字的直接内容。

（5）最有影响力。名著，富有独特的见解，是具有一定的真知灼见和思想深度以及厚度的作品，是具有深远影响力的。

（6）最有启发教益。名著，探讨的是人生中深层次的问题，是在不同的历史时期都能够给人以启迪和智慧的书。

结合经典和名著的定义，可以看出，经典名著与一般的书是不同的，其价值和阅读的意义都远远高于一般的书，它能给我们持续不断的营养，带给我们常读常新的启示，读一遍有一遍的感悟，看一遍有一遍的欣喜。这样的书，当然值得我们花力气和功夫来读。

像这样的书很多很多，古今中外，留下了无数文化的瑰宝。世界名著、中国名著列出来也是长长的书单。中国古典名著有：

《四书》《尚书》《礼记》《老子》《易经》《诗经》《庄子》《韩非子》《史记》《后汉书》《荀子》《战国策》《左传》《汉书》《三国志》《资治通鉴》《宋元明史纪事本末》《楚辞》《李太白全集》《韩昌黎集》《白香山集》《文选》《杜工部集》《柳河东集》《山海经》《世说新语》《大唐西域记》《宋元戏曲史》《徐霞客游记》《西秦旅行记》《梁武石室画像》《洛阳伽蓝记》《唐人说荟》《元秘史》《陶庵梦忆》《桃花扇》《南洋旅行记》《说文解字》《辞赋》《西游记》《红楼梦》《三国演义》《水浒传》……

世界及现代名著有：

《假如给我三天光明》《悲惨世界》《少年维特之烦恼》《平凡的世界》《麦田里的守望者》《百年孤独》《红与黑》《巴黎圣母院》《爱的教育》《简·爱》《钢铁是怎样炼成的》《安徒生童话》《母亲》《鲁滨逊漂流记》《一千零一夜》《希腊神话故事》《十日谈》《牛虻》《小妇人》《老人与海》《基督山伯爵》《三个火枪手》《福尔摩斯探案集》《呼啸山庄》《飘》《战争与和平》《悲惨世界》《傲慢与偏见》《汤姆叔叔的小屋》《查泰莱夫人的情人》《格林童话》《孤星血泪》《汤姆·索亚历险记》《堂吉诃德》《亚马逊漂流记》《茶花女》《羊脂球》《苔丝》《格列佛游记》《美国的悲剧》《从地球到月球》《安妮日记》《白雪公主》《海的女儿》《爱丽丝梦游仙境》《浮士德》《昆虫记》《变形记》《格兰特船长的儿女》《伊索寓言》《天路历程》《我的大学》《雾都孤儿》《绿野仙踪》《尤利西斯》《安娜卡列尼娜》《复活》《小王子》《红字》《嘉莉妹妹》《恋爱中的女人》《名利场》《远离尘嚣》《莎士

比亚戏剧集》《漂亮朋友》《包法利夫人》《海底两万里》《八十天环游地球》《少年维特的烦恼》《好兵帅克》《哈克贝利历险记》《了不起的盖茨比》《罗宾汉》《百万英镑》《卡门》《娜娜》《忏悔录》《木偶奇遇记》《死魂灵》《麦琪的礼物》《镀金时代》《猎人笔记》《星球大战》《地心游记》《神秘岛》《父与子》《尼尔斯骑鹅历险记》《哥伦布航海记》《绿墙安妮》《沙皇的信使》《套中人》《钢琴教师》《第二十二条军规》《喧哗与骚动》……

数之不尽。

经典是几百年来流传下来的精品，凝聚着许多文学大家毕生的心血。曹雪芹为了写好《红楼梦》，"披阅十载，增删五次"，耗尽了最后的生命；托尔斯泰写《战争与和平》，前后修改了七次，可以说是呕心沥血。要寻找自己心目中的经典，用他们来建立自己的精神坐标，这也是一个人辨识自己、不断成熟的过程。

经典是百读不厌，又让人百思不能得其全解，永远充满阅读欲望的书，是永远读不懂读不完的书。比如孔子的《论语》，多少年过去了，多少人曾经注过《论语》，谁能说自己是唯一正确的？正因为它能够在不同时代产生不同的解释，被不同的人因为各种不同目的而使用，才更证明它是经典。

经典的作品可以让读者体会当时年代的风景和文化，可以更多地了解文人古迹。带着庄重的态度去读经典名著，从其中领略经典的魅力。

看透世情读雨果，法国浪漫主义派代表，《巴黎圣母院》《悲惨世界》，虽然是悲剧收场，但是体现出的是当时环境下的社会风气，是作者对当时社会的无声反抗。他从年轻浪漫自由直到走进坟墓也依然崇尚自由，这样的作者，很值得我们学习。

睿智老练读高尔基，《切尔卡什》，讲述了老流浪汉切尔卡什勇敢独立，不屈从于金钱并且有尊严的高贵品质。尽管这些人的精神包袱还很沉重，但比起自私又庸俗的小私有者们来说却高尚得太多太多。艺术上，《切尔卡什》除了强烈地控诉了资本主义社会的罪恶外，还力图揭示流浪汉内心深处的痛苦和新旧意识的斗争，其目的是为了唤醒人们的积极的生活态度。

为人处世读简·奥斯丁。她以女性特有的细致入微的观察力和活泼风趣的文字，真实地描绘了她周围世界的小天地。《傲慢与偏见》中从不因自己出身贫困而自卑的伊丽莎白，自信幽默并且活泼。遇事冷静睿智，提醒我们要时刻保持内心的执着纯洁。《爱玛》中美丽、聪慧而富有的姑娘爱玛，在无数次帮助别人坠入爱河的过程中也找到了自己的幸福，她善良大方，也无所畏惧。我们从这些经典里学到的东西，远远超过了普通书教给我们的道理，经典之所以被称之为经典，就是因为它不可超越，不可替代。

经典名著是真正为心灵准备的，读经典不能赶时髦，不能人云亦云。现在流行的浅表式的阅读，炫耀式的阅读，装点门面的阅读，这都是无法领略到经典作品的魅力的。经典是书中的基石，就像一个人的筋骨。经典是能够经受住时间考验的书，是世界上亿万读者多少年来为从中得到特别启迪而阅读的书。多读经典，让经典带着你，越来越成熟而睿智。

7. 理性读小说，在阅读中体会人间的百态

小说，也就是虚构文学，是通过人物、情节和环境的具体描写来反映现实生活的一种文学体裁。人物、情节、环境是小说的三要素，一般

来说，小说都有完整的故事情节、鲜明的人物形象、典型的环境、深刻的主题、精巧的构思，而且小说刻画人物形象生动，情节曲折，引人入胜，有很强的可读性。所以很多人都爱读小说。

王安忆说，"小说不是现实，是个人的心灵世界，这个世界有着另一种规律，原则，起源和归宿。但是筑造心灵世界的材料却是我们所赖以生存的现实世界。小说的价值，是开拓一个人类的神界。"

小说有很多题材，讲述爱情，社会，人文等。读不同的小说，可以让人体会不同的人情世态。

比如读《红楼梦》，能感受到曹雪芹笔下的瑰丽大观园，多愁善感却自命清高的女子林黛玉，视金钱如粪土、反对封建制度、多情却也深情的少年贾宝玉，还有恪守妇道的淑女薛宝钗……作者将他们之间的爱恨情仇，用华藻的语言把当时那个封建的社会完整地呈现给大家，让我们看

到封建社会的陋习，同情着这些在封建制度里被牺牲的佳人才子。

读《水浒传》，可以看到施耐庵如何把梁山一百零八位好汉的忠胆侠义一个个体现出来。智多星吴用，豹子头林冲，花和尚鲁智深，呼保义宋江，作者用一个个有趣精彩的故事，阐述他们的豪情仗义。

读奇妙玄幻的《西游记》，身临其境跟着吴承恩感受一路向西的人文地理，感受师徒四人对佛的虔诚。大闹天宫拥有一身神奇本领的石猴孙悟空，老实憨厚的体力干将沙和尚，贪吃好色的猪八戒，和善良本分的唐三藏。一路西去，经历九九八十一难，却仍然不忘初心，虔诚如初。

再如爱情类小说，古今中外，数不胜数。有作家说："爱情是文学创作的永恒主题"，很多经典名著都是爱情小说。

让阅读成为一种习惯

艾米莉·勃朗特的《呼啸山庄》里的爱情,是一种力量,一种永恒的力量。她用富有力量的语言,唤醒人们只对爱情的一味幻想。小说描写吉卜赛弃儿希斯克利夫被山庄老主人收养后,因受辱和恋爱不遂外出致富,回来后对与其女友凯瑟琳结婚的地主林顿及其子女进行报复的故事。全篇充满强烈的反压迫、争幸福的斗争精神,又始终笼罩着离奇、紧张的浪漫气氛。

同样经典的爱情故事还有简·奥斯汀的《傲慢与偏见》,书评上说,这本书或许是全世界最伟大的爱情小说之一,它"告诉你女性有权过得更好,而不应认为女性理所当然就该怎样","反对日常性别歧视"组织的创始人劳拉·贝茨说这本书是"第一次有人说女性的思想值得倾听"。《傲慢与偏见》于1813年问世。这本书在评论界得到欢迎,沃尔特·斯科特爵士赞扬奥斯汀"笔法巧妙""把平凡普通的事务和角色变得有趣"。

从这样的小说中,我们能更立体地体会爱情的多样性和复杂性,也对男女情爱有了更深刻、更睿智的体察。

社会类型的小说也比较普遍,有的爱情小说也可以被列入社会类小说里,像《巴黎圣母院》反映了当时的封建社会,《简·爱》体现出男尊女卑的社会现象,《飘》折射了当时背景下的混乱与不堪。还是想讲一讲雨果的《巴黎圣母院》,丑陋的卡西莫多,书里的他极其丑陋甚至可以用惊心动魄来形容。在当时的社会环境里,他饱受偏见,遭人唾弃,又聋又哑,但他却丝毫不在意。且不说后来遇见的艾丝米拉达,只说他的心路历程,他是为数不多的懂得巴黎圣母院的美好的人。尽管人生灰暗,他也仍然能在这暗淡无光的生活里找到自己存在的价值和意义。

人文类型的小说大都是通过一个故事，来影响人们的观点，纠正人们的错误，树立正确的价值观。托尔斯泰的作品《复活》，抛弃了上层地主贵族阶层的传统观点，用宗法农民的眼光重新审视了各种社会现象，通过男女主人公的遭遇，淋漓尽致地描绘出一幅幅沙俄社会的真实图景：草菅人命的法庭和监禁无辜百姓的牢狱；金碧辉煌的教堂和褴褛憔悴的犯人；荒芜破产的农村和豪华奢侈的京都；茫茫的西伯利亚和手铐脚镣的政治犯。托尔斯泰以最清醒的现实主义态度对当时的全套国家机器进行了激烈的抨击。不是置之死地而后生，而是在受尽苦难和折磨以后，茫然无措不知该如何走下去的时候，仍然还要走下去，也就是讲述如何去自救。

科幻小说就像异域风情带给热爱旅行的人们惊喜那样，它让忙碌在现实世界中的成年人和孩子们放飞想象力，让思维驰骋和超越现实的羁绊。但读时不能将科幻小说与科普作品等同起来。科幻小说虽然有科学性，具有科普功能，甚至有些科幻小说还具有预言和启发科学发明的功能，但它仍然是文艺作品，不能与科普作品相等同。对于科幻小说，只要它倡导的是一种严肃的科学精神，具有好的创意和深刻的内涵，能够发人深省，就不必对其吹毛求疵。阅读科幻小说要注意科幻小说的创意，提高创造性思维能力。阅读科幻小说，要培养敢于想象、敢于提出不合常规的观点的能力，使自己更适应未来发展的多样性。

科幻名著如中国作家刘慈欣的《三体》、郝景芳的《北京折叠》、英国作家道格拉斯·亚当斯《银河系漫游指南》、美国作者丹尼尔·凯斯的《献给阿尔吉侬的花束》、美国作者奥德丽·尼芬格《时间旅行者的妻子》、美国作家克拉克的《2001：太空漫游》《与拉玛相会》以及法国作家儒勒·凡尔纳的科幻系列小说。

还有很多类型的小说，尽管分类不同，但它们都有共同的效用，即能帮助我们体会生活，学会如何面对挫折。理性读小说，从中体会人生百态。

让阅读成为一种习惯

 8.开阔眼界读科普，探索未知的秘密

科普文是用深入浅出的方式介绍自然科学、社会科学的知识和原理的说明性文章。科普文的适应面很广，既有"小题大做"，也有"大题小做"，它在各学科之间纵横驰骋，将自然科学、现实生活、社会科学联为一体。科普文一般都融说理、抒情于一体，有的文本还兼有杂文的犀利、随笔的轻松。

看科普类的书籍能够帮助你形成正确的科学观，而不是一味地只知道通过别人的灌输来接受。还可以培养你的科学素养，让你理性地认识世界和认识科学现象。多看一些世界闻名的科普类书籍，例如《十万个为什么》，或者是《时间简史》，亦或者是《爱因斯坦相对论》等此类的书籍，会让我们领略到更多的科技知识，激发出对未来科技发展的向往，并兴致盎然地投入其中。

广义的科普是指介绍所有科学知识的普及读物，包括自然科普、医学科普、人文科普等。自然科普，就是指介绍自然科学（物理、化学、生物、地理等）的普及读物；人文科普含有历史读物、社科读物等；医学科普，也就是我们常见的健康图书。

所以从这点来说，科普的概念是很广的。刚才提到的"安全"方面的图书其实也可以归到广义的科普图书里面去。

健康图书，这个曾经最流行的图书门类，也可以算是狭义的科普书。

今天我们在这里探讨的科普图书，就是指狭义的科普图书，也就是通常所说的"可以增加科学知识的"图书。

《时间简史》是由英国伟大的物理学家史蒂芬·霍金撰写的一本有关宇宙学的著作，是一部将高深的理论物理通俗化的科普范本。该书内容是关于宇宙本性的最前沿知识，从那以后无论在微观还是宏观，宇宙世界的观测技术方面都有了非凡的进展。这些观测证实了霍金在该书第一版中的许多理论预言，其中包括宇宙背景探险者的最新发现，它在时间回溯上探测到离宇宙创生的30万年之内的某些情况，显露了霍金超人的时空感知能力。书中语言严谨，新颖有趣，当我们读了这本书以后，对宇宙的好奇和了解就会更加深刻，也会增长我们的见识，让我们感受到宇宙的神奇和伟大。

　　"像哲学家一般的思，像美术家一般的看，像文学家一般的写。"《昆虫记》是法国著名昆虫学家法布尔耗费毕生心血著成的一部昆虫学巨著。法布尔怀着对生命的尊重与热爱的敬畏之情，深入到昆虫的世界中，穷毕生之力对昆虫进行观察与实验，真实记录下昆虫的本能与习性，用大量详实的第一手资料将纷繁复杂的昆虫实地地呈现在人们的面前。带着我们领略大自然的神奇美妙，让我们与那些昆虫近距离地接触。

　　《三体》是接近世界一流的中文科幻小说，其中涉及大量的现代物理学知识，例如，黑域在广义相对论中可能实现吗？假如真的存在高维，例如第四维，那我们这些可怜的三维生物到底能不能进入？这本书就可以帮我们分析和理解。

　　你难道就不好奇，宇宙从哪里来？时间是怎么流逝的？每个行星又是如何运转的？在这些科普类的书籍里，你可以得到答案。在科学的海洋里去探索未知的秘密，让你视野更加宽阔，让你的思维更加敏捷。想要开阔眼界就要多读科普，跟着科学家们一起探索未知的秘密。

 9. 自我提升读专业，汲取实用的技能

想要提升自我，汲取实用的技能，就一定离不开我们的专业知识，就一定要多读专业书籍。把学到的知识引用到实践生活中去，才能让专业知识得到有效利用。

当今世界，知识更新非常快，大学一毕业就已经有40%的知识过时，一年不读书80%过时，三年不读书99%过时。这就要求我们不间断地阅读，每年每月每星期每天都要阅读，只有长期的阅读才能不被淘汰；也只有长期阅读，才能保持"知识力"和对职场的新鲜感。特别是对于专业技术知识，确确实实日新月异，如果自己停滞不前，必然遭到无情的淘汰。所以，对于员工来说，多读一些专业书籍是非常必要的。

但是，一般来说，专业的书籍都相对枯燥、深奥，远不如小说有趣，也不如诗歌浪漫和历史吸引人，而且理解起来也会更难一些。所以阅读更需要讲究方法。

（1）选择自己最需要的专业书籍

每个人的专业不同，对专业书籍的需求也是不同的。这个要按照自己的专业需要来选择。可以准备一个与自己专业相关的阅读清单，在清单上选中3～5本必读书籍，精读。每章做笔记，同时也记上自己的心得。选择同主题的专业书5～10本，使用同主题阅读这些书。

很多技术类的书籍内容大同小异。因此，同一类的书籍在于精而不在于多。很多书外包装精美，价格也不菲，但内容并不新颖。所以甄别很重要，可以运用前面我们所说的挑选一本好书的方法来选择好的专业书籍。

（2）带着问题去阅读

如果专业上有一些困惑的问题，不妨有针对性地阅读，以解决这些问题，这是有效的读书方法。多想想"为什么"，大多数真实的问题都藏在一连串的"为什么"里面，通常只要找准了问题就很容易找到解决方案了。可以边读边实践，特别是对于一些技能技巧方面的书，边读边实践是最有效的提升方法。

技术特别是技术理论方面的书，有时很深奥，读第一遍不一定能懂。这就需要反复多次来读。有时你会觉得第一次拿起一本书，看了半天感觉像天书，但是等过了一段时间，返回来看发现很多东西都是那么地浅显易懂，这就是因为你的知识层面提升了。反复阅读一本书可以让你有很多新的发现。很多以前看不懂的知识点现在返回来看会感觉很熟悉。反复阅读也是加强记忆的一种方式。如果后面有测试，做题也是很好的巩固方式。

如果书里的内容对你很有用，最好能够间隔一个晚上再去读一遍。尝试问自己关于那篇文章的一些内容。提出问题时，重点在于不要急着找到答案。再次阅读时，注意思索作者的思考流程。首先思考文章的架构，掌握作者推论的方式，也就是写作时的设计图。然后配合其设计形式，进行超阅读和挑读。

（3）抓住书中的重点

特别是对于技术类的书籍，这些书籍喜欢由浅入深。如果自己什么都不懂，那么就脚踏实地一点一点读起，好好从基础开始，万丈高楼平地起，没有基础是不行的。但如果有一定的基础，就可以直接找到重点知识，知道这本书在告诉你什么，这个章节的框架是什么，重点在哪里，你最需要了解的是什么。然后选择性地看，遇到不明白的地方直接百度、谷歌。对于细节类的东西，需要反复在实践中体会，然后反复地看书，反复地记忆才能记住。

（4）积极思考

阅读专业知识首先要做到积极思考，不要机械地去模仿前辈们的工作模式和工作方法甚至他们的思想，而是要去自己思考，原理是什么，好处是什么，是否有改进的空间，等等，如果没有思考的积极性，你就很难从专业中发现需要学习和需要了解的东西。同时一定要重视理论知识，或许有一些理论知识与实际工作中的操作存在着很大的差距，比如医学方面的理论知识在上了临床以后，并没有太多地被应用到，那些机理生化，甚至完全都用不到，但是理论知识是你理解工作的涉及范围以及工作的运作原理的基础，有理论体系来打下基础，你才能更容易把专业知识组织起来，应用到实践当中去，也更容易记住实际操作的方法。还应该了解与此行业相关的行业，只有这样你才能充分理解本行业的位置，相关的利益链条等。比如医院与医疗器械之间的位置关系，医院与制药厂之间的关系，它们之间所存在的利益，医务工作者就可能会需要多了解一些。

学而不思则罔，所以自己得多思考，而且还得能独立思考，这样才能有效地将理论应用在实践中。思考其实是很有乐趣的，会上瘾，特别是当自己了解很多思维方法之后，运用各种方法和工具去分析一个问题，这时候不仅会有解决问题的成就感，也会让自己产生一种智力上的优越感。让自己更有自信，思考本质上是一个提高信息利用率的手段，通过自己的经验和思考总结出来的是最有用的。

（5）主题阅读，自我提升

职场上的阅读和学校里的阅读已经有本质的不一样了，职场阅读不是为了考试而是为了应用，为了在自己的专业技能上有一个大的提升。所以学习专业知识一定要用心学，技有所长，才能体现自我价值。理论学习是专业发展之路极为重要的一环，理论的研究能引导实践，而且实践研究中出现的诸多问题和创造本身就具有产生和滋养新理论的作用。专业书籍的阅读最好采用主题阅读的方式，这样可以让人在较短时间内，对一个领域有较深的认识，假如近期要研究某个领域，我会把这个领域相关全部能买的书籍全部买回来通读，这样可以很快对某个方向有一个全局把握，建立自己的视野，有了视野才能提出自己的思考方向和研究路线，零散看几本书是没有太大帮助的。

(6) 从分享中提高

去找几个有相同兴趣的人，组成一个学习小组。定期的分享和讨论，这会让你学得更快，并从不同角度来思考问题。还可以通过论坛、博客、微博等多个渠道进行分享，既可以加深自己对同一问题的理解程度，还可以认识更好的朋友和同好。

总之，对于职场员工来说，不论做什么行业，专业书籍是必须阅读的，提升自己的专业能力，让自己的职场之路走得更顺。

当然光阅读专业书籍是不够的。现代社会需要的是"T"字型人才。竖杠代表专业性，那是安身立命的根本，专业性越强，不可替代性就越强，价值就越大；横杠代表你知识的广度，如果两个人才专业性差不多，这时候就看谁具有更广的知识，因此多领域多个专业的阅读也能够增强职场竞争力。

第四章

做好阅读规划，充分利用时间

阅读不能盲目地读，一定要做好规划，有计划地读，充分利用时间，支配时间，这样才能做到高效阅读，从阅读中汲取更多有用的营养。

让阅读成为一种习惯

 1. 让自己的手边有几本可读的书

要养成阅读的习惯，随时随地让自己的手边有几本自己喜欢的、能随手拿起来就读的书，显然是重要的。那么哪些书是可以放在手边随时阅读的呢？

（1）自己喜欢的书

这一类书是最容易激发我们阅读兴趣、也是最容易培养我们阅读习惯的书。因为喜欢，所以不舍，所以想读，所以愿读，所以不管任何时候都能拿起来读。当然各人的喜好不同，内容不同，关键是喜欢，能激发兴趣，故而不必一定要设立"高大上"的标准，一定要是经典或是名著，哲学或是历史。只要是真喜欢，真能激起自己的兴趣，《知音》又何妨？《故事会》又何妨？有了读书的兴趣，养成了读书的习惯，读书的范围自然会渐渐宽泛，读书的境界也会慢慢提升，好书自然会被我们一一收入囊中。

（2）经典类的书

说到读书，最有价值的无疑还是经典，故而手边一定要有经典的书。经典书最大的好处就是百读不厌，百读百悟，任何时候都会给你新的营养。小说、哲学、历史、诗歌、心理学、纪实等，都是不错的选择。

比如哲学类的书，多读使人智慧。生活中有哲学精神可以优化人的思维方式，提升人的精神境界，使得人能够不断超越自己。哲学家的思想，对于我们来说，也是生活上的指路明灯。他们大多都有着丰富的生活阅历和文化底蕴，于是他们便会把这种在生活中经历到的，和自己从

这些阅历中得到的感受,通过一个长长的故事,一般是由一个主人公或者是一条主干事件来贯穿整个故事,再通过这个主人公或者主干事件来反射出作者要表达给我们或者说是想要劝诫我们的道理。有人说哲学难懂,没有点文化素养真心读不懂。这话说的不错,哲学类的书本来就深奥难懂,要是没有一点文化底蕴,确实不好读。但不是所有这类书籍都读不懂,有时候,作者会用幽默诙谐的语言来写一本书,让读者在这种轻松的氛围里,再去思索人生哲理。如《苏菲的世界》,它作为一本哲学入门书籍,用小说的方式,讲述了14岁少女苏菲,在收到一个神秘人的来信:"你是谁?你从哪里来?"后展开的一系列对此问题的探索和思考。在知名作家的推荐书单里,经常会看见这本书的名字。它并没有用枯燥和令人乏味的语言来描述难懂的哲学,而是带领读者,和这个14岁少女一起,探索哲学,思考哲学,从最基础的地方入手。看完这本书,你就不会再局限于在乎自己到底是从哪里来或者要归去何处,而是开始对自己的人生进行深度的思考,我要做什么,我能做什么,我在这个世界上能有什么用处。相信它一定能给你带来巨大的心灵反响。

第二类如文学类的书。像《简·爱》《战争与和平》《钢铁是怎样炼成的》这类书籍,还是比较有趣的。这里谈谈《简·爱》。书里的女主人公简·爱,出身贫困,后来又成为了孤儿寄居在舅母家,然而像所有小说里那样,她并不受待见,便被送进孤儿院。孤儿院里经常有人生病甚至死亡,然而就是在这样的条件下,她也从未放弃读书和对自己的文化身心的培养。直到后来遇见那个她生命里最重要的男人——罗切斯特。这个男人被简·爱独立坚强的性格吸引并深深地爱上了她。虽然后来事件此起彼伏地发展,但最终,她还是收获了她梦寐以求的爱情并且过上了幸福的生活。在这本书里,我们能从主人公身上学到很多难得的品格,坚强独立、善良、朴实、积极进取。多读读这类书，培养自己的文化素养，提高自己的品格，对于以后的人生来说，是至关重要的。

(3) 生活类的书籍

健康、情感、励志、故事甚至"鸡汤类"的，都属于这一类。这类书的特点是通俗易懂且贴近生活，也是大多数人都更乐意更喜欢读的一种书。这种书不难找，因为越来越多的年轻作家都比较喜欢抒情，写一些励志的书来激励年轻人，用文艺的句子，生动的故事，讲述人生的世态炎凉。比如像通过叙述小故事来反映人生态度的张佳嘉的《从你的全世界路过》，抑或是大冰的《阿弥陀佛么么哒》，再像是用一个青春故事来缅怀青春的，比如郭敬明的《夏至未至》，用小故事来阐述道理的如《孝，不能等待》，纯粹励志的如《世界如此险恶，你要内心强大》《越努力越幸运》《遇见未知的自己》，职场类如《左手工作 右手生活》《如何做一名好员工》《停止抱怨 努力工作》《让学习成为一种习惯》等，都是可以放在手边的书。

(4) 心理学类的书籍

这类书其实从本质意义上来说，对于职场生活有着十分重要的影响。人与人之间，存在着一种看不见也摸不到的磁场，人们通过这种磁场的强度来判断自己是否可以与对方产生长时间的交谈和是否值得与对方培养感情。在职场工作中，最重要的不仅仅是你工作的能力，还有你的社交能力。情商和智商同时在线才是职场最大赢家。这类书现如今在市场上越来越多了，说明越来越多的人开始注意心理学对我们生活和工作带来的作用了。这类书，像是《人格心理学》《社会心理学》，还有卡耐基的《人性的弱点》等，都是适合职场人看的书。拿《人性的弱点》来讲，书中讲了在职场中、生活中如何去和别人打交道，如何在尊重别人的同时也获得尊重。这本书对职场工作人员来说，无疑是一本十分重要有用的引领书。

其实还有很多可读的书，只要是你自己喜欢读的，觉得读起来能让自己神清气爽有兴趣的，都可以把它放在显眼的地方，在闲暇空余的时间里，拿起来看一看。找到可读的书并不难，关键是要看你是否愿意去读书了。

2. 追求阅读数量不如保证阅读质量

读书，历来的观点都是越多越好。所谓"博学天下""博古能通今"，都是说书读得越多越有学问。所以胡适在《怎样读书》里也专门说到读书要"博"。为什么要博？他引用王安石《答曾子固书》里的一段话来说明：

> 王安石《答曾子固书》里说：读经而已，则不足以知经。故某自百家诸子之书，至于《难经》《素问》《本草》诸小说，无所不读；农夫女工，无所不问；然后于经为能知其大体而无疑。盖后世之学者，与先王之时异矣；不如是，不足以尽圣人故也……致其知而后读，以有所去取，故晃乱，故能有所去取者，所以明吾道而已。
>
> 他"读经而已，则不足以知经"。我们要推开去说：读一书而已，则不足以知其书。比如我们要读《诗经》，最好先去看一看北大的《歌谣周刊》，便觉《诗经》容易懂。倘若先去研究一点社会学、文字学、音韵学、考古学以后再去看《诗经》，就比以前更懂得多了。倘若研究一点文学、校勘学、伦理学、心理学、数学、光学以后去看《墨子》，就能全明白了。
>
> 大家知道的达尔文研究生物演进状态的时候，费了三十多年的光阴，积累了许多材料，但是总想不出一个简单的答案

来；偶然读那马尔萨斯的《人口论》，便大悟起来，了解了生物演化的原则。

所以我们应该多读书，无论什么书都读，往往一本极平常的书中，埋伏着一个很大的暗示。书既是读得多，则参考资料多，看一本书，就有许多暗示从书外来。用一句话包括起来，就是王安石所谓"致其知而后读"。

显然，多读书是有好处的，博学多闻就能触类旁通，一通百通。但是如果为了"博"而博，则失了多读的意义了。俗话说，"贪多嚼不烂"，读书尤其如此。读要多，但更要读通、读懂，理解了、掌握了才行。重量更要重质。

阅读不能一味追求数量，更要追求阅读的质量。这有两层意思，一是要选择有质量的书来读。读一本有用的好书胜过读三本无聊无用的书，与其追求阅读的数量，还不如挑选几本有质量的书，来提高我们的文化知识，来提升自我价值。古人云："择善人而交，择善书而读，择善言而听，择善行而从。"尤其对于当今社会的人们来说，时间是如此珍贵紧迫，根本没有多余时间读太多的书，所以读书更应该注重阅读的质量而不是数量。

二是不必一味追求数量。读了多少本书不重要，读通了多少本书、掌握了多少知识才是重要的。一味追求阅读数量，不是一个正确的读书态度，也不是一个良好的读书习惯。特别是那种非强迫自己读多少本书，更是没有必要。当然这不是说计划读书不对，而是要抛弃那种一味追求数量的做法。不是说读书的数量不重要，而是要把质量放在前面之后再追求数量。单纯追求数量必然读书很快，免不了囫囵吞枣，读书需认真，牢记每个章节的大意这样才能给你深刻的印象，才会令你吃透这本书的精神。很多人喜欢看书时从第一句拉到最后一句，匆匆一阅，只知其一不知其二，最后什么知识也没学到，等于白看，如同把枣子整个吞下去消化不了一样。这样读书，数量再多也没有什么意义。慢一点量少一点遍数多一点，直到弄通弄懂，掌握了一本书的精髓，这比读了十本书一句没读懂要好得多。

读书要博，但不可为"博"而"博"，要在懂的基础上"博"，在通的基础上"博"，这才是读书之要。

3. 设定阅读目标，给自己订一个计划

莎士比亚曾说，学习要有计划，没有等于白学。没有目标的学习，就犹如一只无头苍蝇，乱飞乱撞，根本不知道自己该去向何方。所以在阅读之前最好能拟定一个详尽的阅读计划，指导和帮助自己高效率地读书。

比如想读什么类型的书，就在这种类型的书里找出一本自己喜欢的感兴趣的书来。然后给自己订一个阅读计划，比如每天要读几页书，几天要把它读完，每天要不要写一点日记来记录读过的书等。对于培养读书的习惯、充分利用时间，都是很重要的。特别对于自律性较差的人来说，有目标的阅读计划等于是给自己的一个束缚，可以帮助我们拉回四处奔腾的心，回到书桌前，安静地读一会儿书。

每个人的兴趣、爱好、专业程度、时间分配不一样，因而读书的目标和计划也肯定不一样。但一般来说，拟定读书计划要注意以下方面。

一是计划要符合自己的实际情况。

即对自己目前的学习水平应有自知之明。读书计划不是目的，它只是阅读的一种打算，一种安排，以此来循序渐进地多读好书。向警予说："读书要有目标有方法。学问事业，原不是教师们能给与我的，根

本还在自己的努力。但是仅只空空洞洞的努力，仍旧得不到结果的。第一要有目标。就是要知道我为什么读书；第二要有方法，就是要知道我应怎样读书。这样有目标有方法地读书，才能得着读书的结果，发生读书的效率。我以为欲定吾人读书的目标，首宜认清时代，次宜认清自己所处的地位，再次，宜认清今日社会急切的需要。"可见自己的读书计划要切合实际，根据自己的实际情况来定计划，不要好高骛远，也不要浪费时间。目标不要太高太大，先定小目标，一点一点养成读书的习惯。

二是目标越明确越好。

比如一个月，要达到什么水平，掌握哪些知识等，这些都是在制订学习计划前应该明确的。确定目标后，就把自己想要读什么类型的书买回来，放到自己的书桌前。可以长短结合，把长远目标和短期安排相互结合好。先制定长远计划，据此确定短期安排，来促使长远计划的实现。

三是计划要合理，不能定得太满。

计划要留有一定的余地，可根据执行过程中出现的新情况适当调整。如果太满完不成只会让自己对自己产生失望的情绪，失望的情绪多了，就失去信心，不想读书，也不可能坚持下去。

在阅读时间与阅读数量上，不可太满。比如说，你准备读一本普通的十万字小说，准备半个月把它读完。可是你每天都要上班，赶公交车，回家要做饭吃饭打扫卫生。那么读书就可以放在每天睡觉之前，把看电视的时间缩短一个小时给读书，然后每天读六千字左右，大概是两到三节左右，这样每天都坚持一个小时，等到半个月以后，你会发现，你节省下来的时间，真的可以读完一本书，并且你的生活变得更加充实，人也会更加乐观。同时不要忘了对读完的书进行总结，不管是一句话也好，一段话也好，把自己对这本书的看法用笔写下来，学到了什么或者是觉得作者是想表达什么，只要是想到的，都可以写下来。而后就可以开始新一轮的读书计划。

 第四章 做好阅读规划，充分利用时间

四要自律。

定好了计划，就一定要按计划去实施，并且持之以恒，才能养成习惯。如果计划放在那里，每天都有各种理由和借口不去执行，再完美的计划也就是一纸空文，没有任何意义。所以，计划不一定要多满、多高大，而是一定要有可行性，一定要督促自己去执行它。可以制订计划落实情况的自我检查表，监督自己完成情况。

在哈佛大学的图书馆里有这样一句标语：明确地了解自己想要什么，致力追求。一个人没有明确的目标，就像船没有罗盘一样。人生需要目标，生活需要目标，工作需要目标，读书也是如此，唯有明确的目标才能引导我们成功，才能让我们的阅读更加有效果。你羡慕别人做事井井有条，效率高，其实你不知道，他们在做事之前，制定了一个目标，做了一个计划并且遵循这个计划来完成它。羡慕别人读书快，明明是一样的上班时间，一样的空闲时间，怎么别人就读了那么多书，满腹经纶的样子？这也是因为他们做了计划，每天都让自己读一点书，充实自己的空余时间。所以我们若是也能做到这样，有计划地读书，并且坚持下来，就一定能得到自己想要的效果。

 **4. 留出专门时间，每天阅读一点点**

养成阅读的习惯，那就必须每天都坚持读书。既然做好了时间的规划和读书计划，就做好每天坚持读一点书的决心。每天都给自己留出半小时或一小时的时间，离开网络，关掉手机，坐到书桌前去看书。这样，不管每天有多忙，你都会有读书的时间。这是很多名人的经验。

让阅读成为一种习惯

温家宝在任国务院总理的时候来到图书馆与青年人交流读书心得时说:"也许有人会说,没有时间读书。但是一个人一天总可以抽出半个小时读三四页书,一个月就可以读上百页,一年就可以读几部书。读书要有选择,读那些有闪光思想和高贵语言的书,读那些经过时代淘汰而巍然独存下来的书。这些书才能撼动你的心灵,激动你的思考。我们不仅要读书,而且要实践;不仅要学知识,而且要学技术。要'读活书、活读书、读书活',即不仅要学会动脑,而且要学会动手;不仅要懂得道理,而且要学会生存;不仅要提高自己的修养,而且要学会与人和谐相处。"在新加坡访问时提及古罗马的马可·奥勒留所著《沉思录》,温家宝说:"这本书天天放在我的床头,我可能读了有100遍。天天都在读。"除此以外,温家宝曾数次推荐亚当·斯密的《道德情操论》,称"它的意义不亚于《国富论》"。

鲁迅先生说得好:时间就像海绵里的水,只要愿挤,总是有的。真正想读书的人,总是能找出时间来的。是的,上班一族是很忙,或许做不到整天带着书本读,也不可能熬夜读书,但每天都记得无论如何给自己留一点读书的时间,挤出一点读书时间,哪怕半小时二十分钟,雷打不动地读书,让自己达到每天都看书的计划,一定能养成读书的习惯,每天都能有所获得。

其实每天都阅读一点点,并没有想象中的那么难。不要给自己找借口,觉得自己上班很累很忙,没有时间看书,但你玩手机玩游戏的时间怎么那么多?这说明还是不想看书,还是不知道看书的好处。所以,每天都抽出一点时间来看一点书,这比每天刷朋友圈看八卦新闻要有用得多。

第四章 做好阅读规划，充分利用时间

每天都阅读一点点，知识就能一点点被累积起来，这些被积攒起来的知识，终将会为你所用。英国学者吉伯特·海埃特说，"排列在书架上的，并不是一页页无生命的白纸构成的书本，而是一颗颗跳跃的心灵，从每一本书中发出它的声音。仿佛就像按下一个电唱机的按钮，便可以使房间里充满音乐一样；一个人只要打开书本，就可以跨越空间和时间的限制，聆听到智者的箴言，并和智者促膝谈心。"美国哈佛大学前任校长艾略特曾说："养成每天用十分钟阅读有益书籍的习惯，二十年后，思想上将有大改进。所谓有益的书籍，是指对身心健康成长有益的书籍，不管是小说、诗歌、历史、传记或其他种种。"就是说，就算每天只读几页书，也能让我们思想进步，让我们学有所成。

利用碎片时间读书，就算是每天只读十分钟，也要坚持不懈地读下去，改变就从今天开始。下节我们来讲如何充分利用生活里的碎片时间。

5. 充分利用碎片时间

上天给每个人的时间都是一样的，但是有的人的时间越用越少，有的人却可以越用越多，有的人工作做得很好，也有很多时间可以看书、娱乐、交朋会友等，但有的人每天什么都干不了，工作都难以完成，被拖得疲惫不堪。这只是一个善于利用时间的问题。时间是靠挤出来的，如果我们每天阅读20分钟，每个星期就有140分钟的阅读时间，一个月就有600分钟的阅读时间，一年就有7300分钟的时间，不要小看这些分分钟钟。按一天20分钟的时间算，我们一个月就可以读完一本书，那么一年至少就可以读12本书。5年之后，你就可以毫不费力地读完

让阅读成为一种习惯

70本书。如果我们把一切可以利用的时间都利用起来的话，那么你就有用不完的阅读时间了。

学者钱歌川在他的《读书的习惯》里说：

利用余暇去读书是轻而易举的，大家之所以不这样做，仅是因为没有这种习惯而已。英国人在电车上读书的风气很盛，每天都要出外工作，起码有一个钟头在电车上，预备一本书专门在车上读，不过几天也就读完了，日积月累，一年读四五十本书。也不算稀奇。我们对于这种废时不去利用，实在未免可惜。

英国人利用废时读书，不仅在有规律的电车上，即在饭馆菜馆中亦莫不为然。至于在休假日，夫妇约好同出游玩，丈夫至多取一根手杖就可以出，太太则不免要去戴顶帽子。可是每当那丈夫在楼下等着太太去戴帽子的时候，他照例翻开一本书来读，等他太太把帽子戴好姗姗地走下楼来，他手中的书，也就起码读完两章了。中国的丈夫却不晓得这样做，所以在楼下不仅独自等得心焦，而他太太一再地被他催促，也就老不耐烦，常常把一个快乐的计划，弄成不欢的结果。

如果大家都有了这种读书的习惯，不仅国民的知识可以逐年提高，而且闲事也就不会有人爱管了。枕边有一本书，可以免得翻来覆去睡不着的苦，厕上有一本书，也就可以辟除恶臭。

我常想洋车上是一个很好读书的地方，拉了了车夫自然会停下，不像乘电车一不当心就驶过了目的地。可惜我现在只能走路，没有乘洋车的福分了，每天白白地在街上糟蹋了一两个钟头。哦，如果我能利用这种时间读书的

话……

其实，不是我们没有时间阅读，而是我们没有有效地利用时间。那些看似零零碎碎的时间好好利用起来的话，就会有很多读书的时间了。那些成就非凡的伟大人物，都是善于挤时间阅读的高手。

法国大作家巴尔扎克就十分珍惜时间，他的每一秒钟都过得充实。他为自己列了一个时间表：从午夜到中午——工作，从中午到下午——校对，下午5点——用餐，5点半——休息，六点到八点——读书。从这张表上不难看出巴尔扎克对于时间的珍惜程度，也正因为他巧用时间努力工作、阅读，从而才能成为举世闻名的大作家。

鲁迅先生也是一个善于挤时间的典范。鲁迅十二岁在绍兴城读私塾的时候，父亲正患着重病，两个弟弟年纪尚幼，鲁迅不仅经常上当铺，跑药店，还得帮助母亲做家务，为免影响学业，他必须作好精确的时间安排。鲁迅读书的兴趣十分广泛，又喜欢写作，他对于民间艺术，特别是传说、绘画也深切爱好；正因为他广泛涉猎，多方面学习，所以时间对他来说，实在非常重要。他一生多病，工作条件和生活环境都不好，但他每天都要阅读到深夜才肯罢休。

"没有时间阅读"，只不过懒惰者的借口。学会挤时间，就会有很多可以用来阅读的时间。我们不妨给自己列一张每天可以挤出来的时间清单，然后有计划地去挤：

早上起床、晚上睡觉前的时间

上下班等车的时间，坐车的时间

中午或晚上吃饭前的时间（特别是在餐厅点完菜等候上

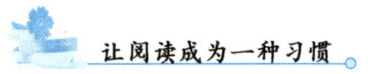

菜的时间)

午休时间

去厕所时间

外出办事需要排队的时候

……

这些时间只要我们学会好好地利用,一样可以让我们的阅读突飞猛进。对上班族来讲,在上班时间不可能看书,在下班之后又会有各种各样的家庭琐事,只能学会利用零碎的时间来阅读了。比如在床头放上几本计划中的书,每天晚上睡前和早上起床前翻读几页。在睡前阅读不仅节约了时间还起到了催眠的作用。早晨阅读却有利于大脑的清醒,起到提神的作用。在上下班途中,地铁上公交车上,也可以把自己阅读的书带上,利用这点时间看几页,旅行时在车上可以不闲聊而是挤出时间看看书……看似 24 小时的时间,只要我们善于利用就远不止 24 小时。

这些零零碎碎的时间都可以拿来读书的话,你收获到的就不只是一星半点了。还可以专门去到可以安下心看书的环境,比如图书馆,在家里也可以,最好不要在嘈杂的环境,重要的还是要自己专心致志,另外,还可以准备一个耳塞,在零碎的时间,嘈杂的环境也可以看书,还可以先给自己定一个小的目标,最简单的就是报名考试,给自己一个目标,并作出时间限制,这样也好有的放矢。

充分利用碎片的时间来阅读,昨天用什么都换不回来,明天还未来到,你能把握的就是今天。利用碎片时间并不是强迫自己争分夺秒读书,是要自己发自内心喜欢的,感兴趣的,利用碎片时间扩大自己的阅读量。每人每分钟能看三四百字,算一下:假如一般程度的读者,在念普通读物时,能达到每分钟 300 字的速度,每天花 15 分钟就可念 4500 百字,一周就可看 31500 字,一个月可达 126000 字,一年总计有 1512000 字之多,即一般读者每天花 15 分钟阅读,一年里就可达到这个可观的数字。

所以，不要小看每天几分钟的阅读量，滴水可以穿石，只要我们合理利用起来，就会有收获。网上有句话说的好，我们是重复过365个一天，还是一天重复365遍，我们必须要用那些可以利用的时间来学习一些让我们提升的东西。比如每天下班，可以让自己多掌握点知识，如果安排合理的话，最早6点半，最晚7点，就可以开始自己的"不被打扰的时间"了，一直到晚上11点上床睡觉，至少有4个小时可以利用。这段时间也用来读书的话，算一算自己比别人每年多了多少阅读的时间？

6. 不自欺，阅读靠的是自觉

读书靠的是自觉，无论做多少计划，买来多少书，不能自觉自愿、自动自发地去读，终究是一场空。这种读书的自觉性才是培养读书习惯的关键。"要我读"终归不能全面地激发我们的读书兴趣，被动阅读，把阅读看成了工作与生活的负担，心不在焉，三心二意，必然读不进去，更不可能读出什么意味来。只有自觉阅读，把"要我读"变为"我要读"，才能在兴趣与热情的带动下主动投入到阅读中去，心无旁骛，聚精会神，才更有读书的兴趣，更利于做好自己的阅读规划，更有针对性地选择书籍，有的放矢，有目标有规划，自觉自愿，主动积极地去读，才能学到必需的知识和技能，才能学有所获、学有所成、学有所用。

近些年，在倡导"全民阅读"的大环境下，各种各样的读书活动多起来了。许多单位将读书列入工作计划，甚至定期给职工推荐、购买书籍。在今天这个诱惑太多的时代，有关部门能将读书放到这个位置，有针对性地推出具体举措，这是令人起敬的，如果能坚持下去，收获必定可观。但对很多职工来说，这样也不过是走走形式，真正自觉读书的人并不多。

读书，应当成为一种自觉行为，一件常态化的事情。只有发自内心的诚心诚意的阅读，才能给人带来快乐，才能让人真正掌握知识。像某些地方所要求的那样，为了完成"读书任务"而丢下正常工作若干天，或者纯粹是为了做笔记而"读"书（其实是一种无意识的抄写），这只能说是舍本求末，根本不值得效仿。对成年人来说，被"逼"读书，这可真是一件无比痛苦的事。这样被逼读书，很多人也只是装装样子，自欺欺人，根本没有读进去，实在是没有意义。真正读书有成的人绝不是被逼读书读出来的，一定是自觉读书、甚至爱书成痴读出来的。

清代有个特别有名的人，叫孙洙，自号蘅塘居士，又号蘅塘退士，著名的《唐诗三百首》就是他编的。

据说，孙洙特别喜欢读书，但小时候家境贫寒，经常吃不饱饭，到了冬天，寒冬腊月里读书的时候就又冷又饿。孙洙怎么办呢？他左手握书，右手握一根木棍，日夜读书不辍。别人就很奇怪，说你读书也就罢了，手上握着个棍子干什么？

孙洙的答案真是有创意。他说木能生火可敌寒，书能抵贫可当饱。那意思是木头可以生火，我右手上拿着木头，想到火，就当是取暖了；而书中自有黄金屋，读书自然可以摆脱贫困，所以我读书就算是吃饱饭了。这样我左手捧书，右手握木，既暖又饱，就不冷不饿了。

别人听了，都笑他是个书呆子。孙洙就在别人的嘲笑声中，把书一本一本地读了下去，最终考上了进士，做了个既暖又饱的天下名儒。

陶行知说："人能习于勤，亦能习于惰。人之有惰念，不难芟除

第四章 做好阅读规划，充分利用时间

之；所可惧者，即由惰性而循，复由因循而长惰。"有的人懒得读书，情愿花时间去娱乐甚至赌博；有的人被动读书，丢三落四，三天打鱼两天晒网，什么都没学到，每天还抱怨不尽；有的人主动学，自觉自愿，自动自发，把读书当成事业来做，天天阅读，天天进步，最终站在了别人无从企及的高度。这中间的差别，正是愿读书与厌读书的差别。

阅读是每一个人自己的事，需要主动和自觉，被逼读书或应付读书，都是装样子，自欺欺人，不可能达到阅读的目标。只有自觉自愿地去读，兴味盎然地去读，才能真正把书读进心里去。

只要对某件事有兴趣，你做起来就会特别地快乐，做这件事也就一定能自觉。所以我们就要培养阅读的兴趣，让读书成为我们的兴趣，这样我们就会随时随地想读书，去读书。

自觉学习，主动阅读，本质上是视阅读为自己的迫切需要和愿望，坚持不懈地进行自主阅读、自我监督，必要的时候进行适当的自我调节，使阅读效率更高、效果更好。具体地说，要培养主动阅读的习惯，可以从以下三个方面来进行。

（1）把阅读当成自己的需要

认识到自己的不足，更要认识到只有通过读书学习才能弥补这方面的不足，从而把阅读当成自己的需要，培养自觉阅读的习惯。珍惜一切阅读的时间，有随时随地只要有一点时间就要用来阅读的劲头。只有形成了这种习惯，才能主动去寻找和发现自己感兴趣的书，并想尽千方百计地去找来阅读。

（2）对自己的读书情况及时进行评价

自我评价是每个主动读书学习者必需掌握的基本步骤之一。有正确的自我评价，才能弄清楚自己的阅读状况，既知道自己的优势，也知道自己的不足。这样既有利于发挥自己的长处，也有利于对自己的弱势进行改善和提高。

在阅读过程中，不仅阅读水平在不断变化，兴趣和爱好也在不断地变化。对这些方面进行评价和审视，不仅有利于保证阅读的速度和质量，更重要的是能保证阅读方向的正确。

（3）主动调节自己的阅读行为，以适应不同的环境和需要

我们身边的环境并不由我们自己决定，比如工作太忙或是环境太吵不适合阅读时，我们可以寻找一些最适合自己的场合去阅读，如去图书馆，去咖啡厅或是其他适合自己阅读的地方，随着环境调整自己的阅读行为，以获得更好的阅读效果。

阅读靠的是自觉，万事都要靠自觉，"人心如良苗，得养乃兹长；苗以泉水灌，心以理义养。一日不读书，胸臆无佳想。一月不读书，耳目失清爽"，读书靠的是自觉，然后才有瘾。光是别人在身后催促你往前走远远是不够的，这是你自己的人生，不是别人的人生，你要自己掌握人生的方向，在有限的时间里，多读书，多学习，来丰富自己的人生和生活，才会有属于自己的精彩人生。

7. 别偷懒，书山有路勤为径

书山有路勤为径，学海无涯苦作舟，没有勤奋的精神是不可能爬上书山的顶峰，没有辛苦的付出，更不会到达学海的彼岸。不管一个人怎么天纵英明，如何聪慧机敏，如果不努力，必成不了大事。读书最需要的就是勤奋。好比登山，想要成功到达高远的山顶，勤奋就是登上那山顶的唯一路径。

我国著名的历史学家司马光学习十分刻苦与勤奋，把一生的精力都用在了读书和著作上。他住的房里，只有简单的几个

书柜,再没有别的什么陈设。但是有件奇怪的东西却一直在他的书桌上,就是一块光滑的圆木头。每天司马光读书到深夜,感觉疲乏的时候就把脑袋靠在这块圆木头上睡一会儿,只要睡得太深脑袋就会从木头上滑下来。这样,他就会醒来,然后继续读书、写书。

司马光一生的勤学,著作了我国最大的一部编年史《资治通鉴》。为现在需要了解中国历史的人们提供了参考。

一个人想要取得成功,勤奋是必不可少的条件。读书要勤奋,虽然辛苦,虽然有时会有些乏味,但是别偷懒,你会在学习的时光里得到前所未有的财富。在读书、学习的道路上,没有捷径可走,也没有顺风车可以坐,如果你想要在学海中汲取更多更广的知识,勤奋和刻苦是必不可少的。

说到刻苦读书,不得不提的是家喻户晓的谚语故事——"凿壁偷光"。

穷苦人家的孩子匡衡,小时候很想读书,可是因为家里穷,没钱上学,后来经常借书来读,但因为每天要做很多农活没有时间读书,他便利用晚上的时间来看书。但家里很穷,买不起点灯的油,有一天晚上,匡衡躺在床上背白天读过的书。背着背着,突然看到东边的墙壁上透过来一线亮光。走到墙壁边一看,原来是邻居的灯光透过来了。于是,他拿了一把小刀,把墙缝挖大了一些。这样,透过来的光亮也大了,他就凑着透进来的灯光,刻苦读书。

读书勤劳吃得苦的不仅只有我国可见，在全球范围内比比皆是，例如恐怖小说大师斯蒂芬·金。他在一年之中的每一天里，几乎都做着同一件事：天刚放亮就伏在打字机前开始一天的写作。在他成了世界上著名的恐怖小说大师后，整天稿约不断，常常是一部小说还在他的大脑中酝酿时，出版社高额的定金就支付给了他。可他仍然是在勤奋的创造中度过的。斯蒂芬·金的成功秘诀很简单，只有两个字：勤奋。一年之中，他只有三天时间是例外的，不写作。这三天是：生日、圣诞节、美国独立日。勤奋给他带来的好处是，永不枯竭的灵感。

塞缪尔·斯迈尔斯说："推动世界前进的人并不是那些严格意义上的智者，而是那些智力平平而又非常勤奋、埋头苦干的人，不是那些天资卓越、才华四射的天才，而是那些不管在哪一个行业都勤勤恳恳、劳作不息的人们。"勤奋是成功的源泉，是进步的动力。越是勤奋的人，成功的几率就越大。机遇也只偏爱那些爱动脑筋、勤奋上进的人们。不管你天赋如何，不管你起点如何，只要你付出足够的努力，成功就会属于你。这就是成功的最大奥秘！

所以，别偷懒，偷懒得来的痛快只是一时的，对以后的生活一点好处都没有。可能你会觉得读书很无聊，或者说，读书什么时候都可以读呀，以后没事做了，实在无聊得不行了，再去找本书读读。其实这不是不想读书，而是太过于懒惰。因为过于享受舒适，每天都想着在空闲间隙能偷偷懒，让自己多放松一些，就拿着手机，刷朋友圈，刷微博。那为什么不看书呢？读书是最能给人带来放松的方式，会解除你一天的紧张，缓解你的疲劳。别再给自己找借口了，别让懒惰这个恶魔禁锢了你的灵魂。挣脱它，让自己勤奋地去学习，你的未来是由你自己决定的。"勤能补拙是良训，一分辛劳一分才"，勤奋读书，日积月累，终有一天你会有所成就的。

第五章
学会阅读的方法,掌握高效阅读的技巧

阅读是需要方法的。爱读书更要会读书才能真正读好书。掌握高效阅读的方法和技巧,既利于提升阅读效率,掌握更多知识,又有利于增强阅读的能力,培养阅读的习惯。

让阅读成为一种习惯

1. 营造良好的阅读氛围，读书是需要心境的

无论做什么事情，一个良好的环境都非常重要。阅读更是如此。心烦意乱的情绪、吵闹嘈杂的环境，都是不利于读书的。很多人信心满满地做计划，大量地买书，做好了大量阅读的准备，摆好了长期阅读的架势。但最终，却与初衷大相径庭，买来的书大都是拿来做装饰品，陈列在书架上，很少拿到手中来读。这其实与读书的氛围不够很有关系。

有些学者一再强调，人生处处可读书，马上、车上、路上、床上甚至马桶上，都是读书的好地方。然而对于还有一些人来说，读书是需要氛围的。窗明几净、空气清新、心情闲适、四周恬静，当然比嘈杂吵闹、心烦意乱的时候更适宜读书，也更能读得进去。

> 诗人杜甫在秦州身体抱恙，在给朋友的一首诗中写道："岂异神仙地，俱兼山水乡，竹斋烧药灶，花屿读书床。"它的意思是说，在水旁的一个山头，开着花的山坡或丛林间，坐在充满花香和清新空气的环境里，无人干扰，悠闲自得地读书，这种感受赛过神仙。这就是诗人向往的最好的读书环境。

读书是万不可在喧闹的环境里读的，否则耳边净是一些噪音，用清人汪价的话说，"恶驺人喝道声，恶贾客筹算声，恶妇人骂声。"这种环境下还如何读书？如何静下心来读书？因此读书的时候，一定要在安

静的环境里读，让心先静下来，再去看书，才能让自己融入书中，去感受书，感受彼时的阅读心境。

而现在的人们都住在高楼大厦里，楼宇之间空隙小得让人喘不过气，窗外繁华地段就是车水马龙。但你可以将读书的氛围稍加修改，比如放音乐来减轻窗外的噪音等。

当然不同的人对氛围的要求也是不同的。有的人喜欢在书房里一个人静静地读书，有的人喜欢在图书馆里和很多读书人一起读书，有的人喜欢在林荫道上高声朗读，有的人喜欢在树荫下或小湖边读书，还有的人在闹市中手不释卷。有人一目十行便可入脑入心，有人一字一句细细品读。

窗外落叶纷纷，秋风瑟瑟，你坐在房间里，窗外的光线刚刚好落在书桌前，泡一杯咖啡，放一首安静的纯音乐，然后坐在书桌前，打开一本书，细细地品，慢慢地读。很有读书的意韵。有的人可能会觉得这样的读书太麻烦了，等做好那些乱七八糟的事以后早都不想看书了。其实不然，读书是需要心境的，一个良好的阅读氛围，能起到十分重要的作用。心境到了，书也就能读进去了。

其实这种文艺的环境塑造不仅仅只是为了塑造读书的环境，更是为了给自己塑造一个读书的心境。你可能经常会感到浮躁，看不进去书，也给自己找各种借口，没有时间看书呀，工作太忙，书那么厚，什么时间才能读完呀。明知道这些是借口，但仍然乐此不疲地躲避着读书。这些心理活动只能在一时安慰自己，随着时间迁徙，你就会感受到莫名的空虚感，那是一种与时代快要脱轨的恐惧感。这是因为你并没有用知识充实自己，没有给自己塑造读书的环境，所以，你始终不想读书，想逃避读书。所以，别再给自己找借口了，从一个文艺安静的读书环境开始，塑造一个环境，你的心境就会到了，心境一旦有了，书就能看得进去了。

读书，一个良好的氛围是读书的心境的前提，拥有一个良好的读书环境，才能让自己有个良好的读书心境，才能让读书变得美好快乐。

 2. 探索适合自己的阅读方式

不管做什么事，都一定要找到适合自己的方式，才能得到最大效益。读书更是如此，阅读犹如在知识的海洋里游泳，要想顺利地到达理想的彼岸，必须有适合自己的方法。不要盲目模仿，找到适合自己的阅读方式，从而养成良好的读书习惯。

闻一多看一本书时，他先看名字，然后也不翻书，就合着书开始猜，作者为什么起这个名字，会以怎样的内容来突出这个名字，这本书要突出的主题是什么。就像这样，每次读一本书，闻一多先生都会用这样的方式猜一猜书，这不但为他继续读书奠定了良好的兴趣基础，还为他提高了阅读的效率。

侯宝林在相声界的地位德高望重，尽管他小学也没有上完，但他仍然热爱读书。有一次，他为了买到自己想买的一部明代笑话书《谑浪》，跑遍了北京城所有的旧书摊也未能找到。后来，他得知北京图书馆有这部书，就决定把书抄回来。当时是寒冷的冬日，他顶着狂风，冒着大雪，一连十八天都跑到图书馆里去抄书，一部十多万字的书，终于被他抄录到手。

第五章 学会阅读的方法，掌握高效阅读的技巧

不管是猜书还是抄书，都是读书的一种独特方式，都对单纯阅读起着很好的辅助作用，能让我们的阅读效果事半功倍。当然，还有很多其他的读书方法，都很有趣也很有效果，要找到适合自己的读书方式，才能使阅读得到想要的效果。

关于阅读的方式和方法，前人总结出了很多很多：传统阅读法、整体阅读法、快速阅读法、带题阅读法、三步阅读法、"透视"读书法、"出入"读书法、未读先思法、掩卷凝思法、钩玄提要法、厚书读薄法、口诵笔述法、三抓背诵法、泛读法、精读法、选读法、全读法、分读法……不胜枚举。其实每一种方法都有其特色和用处。

> 比如大学者朱熹，总结的有"朱子读书法"六条，即循序渐进、熟读精思、虚心涵泳、切己体察、着紧用力、居敬持志。循序渐进，指读书要按照书本的逻辑体系和学习者的智能水平，有系统、有步骤地进行。熟读精思，指读书要遵循记忆与思维相结合的原则。虚心涵泳，指读书要仔细认真，反复研磨，反复体会。切己体察，指读书要依靠自己的努力，重视书外的功夫。着紧用力，指读书要抖擞精神，下苦功夫，花大力气。居敬持志，指读书要有专静纯一的心境和坚定久远的志向。朱子读书法对于今天的人们仍是足资借鉴的。

下面介绍几种通用的读书之法，都是切实可行且有效的读书方式，您不妨从中找到适合自己的那一种。

（1）泛读

泛读即广泛阅读，指读书的面要广，要广泛涉猎各方面的知识，具备一般常识。不仅要读自然科学方面的书，也要读社会科学方面的书，古今中外各种不同风格的优秀作品都应广泛地阅读，以博采众家之长，开拓思路。马克思写《资本论》曾钻研过 1500 种书，通过阅读来搜集

大量的资料。

（2）精读

朱熹在《读书之要》中说："大抵读书，须先熟读，使其言皆若出于吾之口；继以精思，使其言皆若出于吾之心，然后可以省得尔。"这里"熟读而精思"，即是精读的含义。也就是说，要细读多思，反复琢磨，反复研究，边分析边评价，务求明白透彻，了解于心，以便吸取精华。对本专业的书籍及名篇佳作应该采取这种方法。只有精心研究，细细咀嚼，文章的"微言精义"，才能"愈挖愈出，愈研愈精"。可以说，精读是最重要的一种读书方法。

（3）略读

略读就是阅读时可以随便翻翻，略观大意；也可以只抓住评论的关键性语句，弄清主要观点，了解主要事实或典型事例。这是一种快速读书的方法，这种方法可以加快阅读速度，扩大阅读量，适用于阅读同类的书籍或参考书等。

（4）随意读

即"风吹哪页读哪页"的方法，没有目的性，翻到哪里读哪里。这种方法适合"闲读书"和"读闲书"，反正"开卷有益"，只要读就有收益，也不必在乎读哪里、读什么。这种读书方法最惬意、最没有压力，但效果也不如系统有序地读书好。

随意读可以通读，可以选读，还可以跳读，随意性强。通读就是从头到尾阅读，通览一遍，昨天没读完今天接着读，上回没读完这回接着读，可以在不经意间就读完一本书，也可以选读，就是翻到自己最感兴趣的地方来读，也可以跳读，遇到看不懂或是不想看的内容，不妨跳过去，找自己喜欢的章节来读。

（5）写读

所谓"不动笔墨不读书"，边读边记笔记、写批注、旁白，是这种读书法的特点。读书与作摘录、记心得、写文章结合起来，手脑共用，不仅能积累大量的材料，而且能有效地提高写作水平，并且能增强阅读能力，将知识转化为技能和技巧。俗话说"好记性不如烂笔头"，写读法最有利于记忆。在阅读时将自己对文本内容的见解、质疑和心得体会等写在书中的空白处。如读书时遇到不认识的字、不理解的词和不懂的概念，查字典、翻资料弄清楚之后，可以作为"旁注"写下来，这样，既能帮助理解，又有助于记忆，同时也为下次阅读扫清了障碍。有时候看到好词好句好意不由得击节而叹，心中生发各种感慨或是有不同的见解，也可以写在书的空白处，以免这些闪着思想火苗的灵感一闪而逝，再不复寻。还有其他的一些在看书中想到或是注意到的事情，都可以写下来，为今后阅读提供帮助。边读书边作批注，不仅能使人的思想高度集中，提高阅读效果；也能使人从书中获得更多的感悟，使阅读的感受更深，记忆更深刻，同时常作批注也可使自己的写作能力有所提高。

（6）深读

即先"略读"再"精读"的一种读书方法。这种方法是从浏览开始，从书的封面、书名、作者、出版单位、内容提要及前言目录等信息迅速对该书的主题、学科领域等作出判断。通过内容提要来了解该书的主要内容，以决定自己是否进一步阅读。

然后快速扫读正文，扫读的速度十分快，一目十行，略观大意。扫读的同时，还须敏捷思考，以理解文字所表达的意义和重点。不要阅读神速，却不知所云，快速阅读必须与敏锐思考结合在一起。为保证快速阅读质量，读者应集中精力进行快速思考。随着阅读内容的扩展，意义的深入，情节的推进，阅读者不仅要逐步对读物有较深刻的了解，而且还须对阅读内容的性质和发展加以推断和预测。对情节发展的准确推断和对上下文关系的正确预测，可使阅读变得轻松而流畅，并能加快阅读速度。

扫读之后，对全书的重点有了一个大致的了解，同时也明确了自己该从这本书中获得什么，这时就能根据自己的需要或兴趣选择文中的某些部分进行细读和精读。从而把这本书的精华收归到自己的心里。记住扫读后一定要精读，如果扫读一遍后便书一丢，既不总结，也不反刍，当时学到的一些东西很快就会成为过眼烟云。扫读后一定要对重点和精华进行精读，并用自己的语言对全书的内容加以概括，理清整体的思路和脉络，及时总结阅读心得。

（7）重读

就是把读过的书再读一遍，以加深理解，体悟更深刻。这样的方法特别适合读经典。朱光潜就说：

> 读书并不在多，最重要的是选得精，读得彻底。与其读十部无关轻重的书，不如以读十部书的时间和精力去读一部真正值得读的书；与其十部书都只能泛览一遍，不如取一部书精读十遍。"旧书不厌百回读，熟读深思子自知"，这两句诗值得每个读书人悬为座右铭。读书原为自己受用，多读不能算是荣誉，少读也不能算是羞耻。少读如果彻底，必能养成深思熟虑的习惯，涵泳优游，以至于变化气质；多读而不求甚解，譬如驰骋十里洋场，虽珍奇满目，徒惹得心慌意乱，空手而归。世间许多人读书只为装点门面，如暴发户炫耀家私，以多为贵。这在治学方面是自欺欺人，在做人方面是趣味低劣。

这样的感悟用在今天，依然充满哲理，值得我们用心品味。"温故而知新。"著名思想家、文学家伏尔斯泰认为"重读一本旧书，就仿佛老友重逢"。重复是学习之母。重复学习，有利于对知识加深理解，也是加深记忆的强化剂。

（8）记读

这是一种侧重记忆的阅读方法，这种方法适合去读那些自己特别喜欢或是大家众口交赞的名篇名著。读完文章后，立即回忆一遍主要内容，力求记住，并且隔一段时间就再次阅读一遍，尽可能地让自己背诵下来。这样的背诵要尽可能准确。不过这样的方法不太适合长篇大论，而适合一些短小精炼的名篇。如《兰亭集序》《滕王阁序》《我有一个梦想》等这样的文章。

（9）标读

这是用各种符号在书中重要的地方做标记，以便于应用时查阅和再阅读时注意的一种阅读方法。波浪线、着重号图、重点圈出、疑问处划问号等，都是可以的。这种方法有利于应用时查找，有利于对重点内容的记忆，便于利用很少的时间对重点内容的再阅读。但对于很多爱书的人来说，是舍不得在书上这样圈点涂划的。

（10）研读

书中的真理大多不是通过文字的解读就能获得的，而必须通过深入而细致地钻研与思考。探究式阅读的特点就是将思维的触觉深入到文字的背后，对其所承载的思想内容进行深层次的理解。数学家华罗庚在《学·思·锲而不舍》中说道："应该怎样学会读书呢？我觉得，在学习书本上的每一个问题，每一章节的时候，首先看到应该不只书面上，还要看到书背后的东西。"这就是说，对书本的某些原理、定律、公式，我们在学习的时候，不仅应该记住它的结论，懂得它的道理，而且还应该设想一下人家是怎样想出来的，经过多少曲折，攻破多少关键，才得出这个结论的。研读能对书的内容进行深层次的理解，能够使认识上升到理性的高度，有利于知识向能力的转化。

读书的方式方法远不止这些。关键是要找到最适合自己的方式。当然阅读不仅要有正确的方法，还需有孜孜不倦、持之以恒的精神，更要有对书籍的判断与识别能力。用自己的方法，读更多的好书，不仅能使人长智慧、长才干、长精神、长思想，使人品尝到人生的乐趣，感受到求知的快乐，也能使一个人未来的路更加辉煌。

让阅读成为一种习惯

3. 读书要口到、手到、眼到

《弟子规》中指导弟子读书之法时专门强调:"读书法,有三到,心眼口,信皆要。"可见,读书之法重点在于心到口到眼到,心到了,口到了,眼必然到了,"三到"是融为一体的。

南宋·朱熹在《训学斋规》里指导学生说:凡读书,须整顿几案,令洁净端正,将书册齐整顿放,正身体,对书册,详缓看字,仔细分明读之。须要读得字字响亮,不可误一字,不可少一字,不可多一字,不可倒一字,不可牵强暗记,只是要多诵数遍,自然上口,久远不忘。古人云,"读书百遍,其义自见"。谓熟读,则不待解说,自晓其义也。余尝谓,读书有三到,谓心到,眼到,口到。心不在此,则眼不看仔细,心眼既不专一,却只漫浪诵读,决不能记,记亦不能久也。三到之中,心到最急。心既到矣,眼口岂不到乎?

朱熹说的"读书"指的是"朗读",古人读书,重视朗读,朗读的好处自不必多说,眼看、嘴动、耳听、心记,多器官并用,效果自然很好。

鲁迅先生也有关于读书的心得:读书要眼到、口到、心到、手到、脑到。心到,指集中精力,全神贯注;眼到,指细心浏览,目光敏锐;口到,指诵读朗读,声情并茂;手到,指勤用笔墨,勤记笔记;脑到,指善于动脑,勤于思考。运用这种精神高度集中的读书方法,会使知识记得牢、用得好。

鲁迅先生是将前人的一些读书经验加以规整，从而提炼出读书方法。其实每一位读书人都有自己的读书心得，但不管如何，这"三到"都是最有用的经验。另一位酷爱读书、也于读书深有体味的大儒胡适，则在这"三到"之上，又有新发，提出还要"手到"，对读书之法有更深的指导。

胡适在《怎样读书》里说：

从前有"读书三到"的读书法，实在是很好的；不过觉得三到有点不够，应该有四到：是眼到、口到、心到、手到。

眼到：是个个字都要认得。中国字的一点一撇，外国字母a，b，c，d，一点也不可含糊，一点也不可放过。那句话初看似很容易，然而我国人犯这错误的毛病的偏是很多。记得有人翻译英文，误 port 为 pork，于是葡萄酒一变而为猪肉了。这何尝不是眼不到的缘故。谁也知道，书是集字而成的，要是字不能认清，就无所谓读书，也不必求学。

口到：前人所谓口到，是把一篇能烂熟地背出来。现在虽没有人提倡背书，但我们如果遇到诗歌以及精彩的文章，总要背下来，它至少能使我们在作文的时候得到一种好的影响。读此外的书虽不须念熟，也要一句一句念出来。中国书固然要如此，外国书也要那样去做。进一步说：念书能使我们懂得它文法的结构，和其他的关系。我们有时在小说和剧本上遇到好的句子，尚且要把它记下来，那关于思想学问上的，更是要紧了。

心到：是要懂得每一句、每一字的意思。做到这一点，要有另外的帮助，有三个条件：

一是参考书，如字典、辞典、类书等。平常说："工欲善其事，必先利其器。"我们读书，第一要工具完备。

二是做文法上的分析。三是有时须比较、参考、融会、贯通。往往几个平常的字，有许多解法，倘是轻忽过去，就容易生出错误来。例如，英文中的一个 turn 字，作外动词有 15 解；作内动词有 13 解；作名词有 26 解；共有 54 解。又如 strike，作外动词有 31 解；作内动词有 16 解；作名词有 18 解；共有 65 解。又如 go，作外动词有 22 解；作内动词有 3 解；作名词有 9 解；共有 34 解。

又如中文的"言"辛、"于"字、"维"字，都是意义很多的，只靠自己的能力有时固然看不懂，字典里也查不出来，到了这时候非参考比较和融会贯通不可了。

还有前人关于心到很重要的几句话，拿他来说一说。宋人张载说："读书先要会疑，""于不疑处有疑方是进矣。"又说："可疑而不疑者，不曾学，学则须疑。""学贵心悟，守旧无功。"

手到：何谓手到？有几个意思：一标点分段。二查参考书，做札记。札记分为四种：（甲）抄录备忘。（乙）提要。（丙）记录心得。记录心得也很重要，张横渠曾说："心中苟有所开，即便札记，否则还失之矣。"（丁）参考诸书而融会贯通之，作有系统之文章。

手到的功用，可以帮助心到。我们平常所吸收进来的思想，无论是听来的，或者是看来的，不过在脑子里有一点好或坏的模糊而又零碎的东西罢了。倘若费一番功夫，把它芟除的芟除，整理的整理，综合起来作成札记，然后那经过整理和综合的思想，就永久留在脑中，于是这思想就属于自己的了。

这四到，是前人的经验总结，也是我们今天的读书指导。其实就是一个读书的态度问题。态度决定一切，不同的态度成就不同的人生，有什么样的态度就会产生什么样的行为，从而决定不同的结果。大声读出来让你思想跟着书的内容走，手到让你把读书时的想法一一标注，等再回头阅读时,新的想法与理解会与当时的想法做对比,而眼到是让你的注意力集中,只有全神贯注才能铭记于心。读书时能做到这"四到",一定能从书中收获更多。

 4. 快速阅读,从改掉逐字阅读的习惯开始

快速阅读法就是从文章中迅速提取有用信息的阅读方法。它不但追求时间上的快速浏览,而且注重效率,要求积极地创造性地理解文章。它要求读者在进行快速阅读的过程中,充分运用已有知识,对文章中提到的概念进行综合处理,对有关事实和结论进行分析甄别,从而掌握所读材料的主要信息,形成一个新的知识结构。

"快速阅读"也叫"全脑速读"。科学研究表明,人的大脑分为左右两部分,各自分管并对不同的信息内容处理,其中右脑主要是对图形和图像进行记忆和加工,而左脑主要是处理诸如逻辑、数字、文字等非形象化的信息。科学研究已经证明:人类进行传统阅读时,主要使用左脑的功能;而在采用"速读"方式阅读时,则充分调动了左右脑的功能作用,各自发挥左右脑的优势共同进行文字信息的形象辨识、意义记忆和理解,所以"速读"又被称之为"全脑速读"。

快速阅读是一种"眼脑直映"式的阅读方法:"它是将书面的文字信息对眼睛产生光学刺激之后所产生的整体文字图像,直接传送到右脑以图像的形式记忆住,之后再由大脑将文字图像解析出来"的阅读方法。速读这种"眼脑直映"式的阅读方法,省略了语言中枢和听觉中枢这两个可有可无的中间环节,即文字信号直接映入大脑记忆中枢进行理解和记忆。这实际上是一种单纯运用视觉的阅读方式。所以说"眼

脑直映"式的快速阅读，才是真正的"看书"。

快速阅读的要点要用眼睛读，不要用声音读；在阅读文章时，将所看到文字直接在大脑中唤起意识。阅读时人的眼睛处于运动和停顿的交替过程中，只有在眼停时才能感知字句，每次眼停时感知的文字量愈大，阅读的速度就愈快；眼停的次数越少，阅读的速度也越快。换句话说，阅读时要尽量摄入较大的文字信息量，每次眼停时不是感知一个字、一个词，而是要感知整句话或整段文字。只要科学用脑，读思结合，养成习惯，就能迅速掌握速读方法并运用得得心应手。快速阅读的学习不是速成的，是循序渐进，由易到难的。从一句话开始训练，到一段话，再到一篇短文，一篇长文，最后再到一本书。

我们从小养成的读书习惯是逐字逐句阅读，这样固然能养成认真仔细的阅读习惯，但于阅读的速度和阅读的效率却并无帮助，反倒会拖慢我们的速度。所以，要提升阅读效率，就要学会快速阅读。要学会快速阅读，就要先改掉拖慢我们速度的"逐字逐句"阅读的习惯。

逐字阅读，视线每次停留和对焦都只能读入一个字或单词，使阅读的速度很慢，而且越是读的慢的人，理解就越是不充分，因为在阅读、理解记忆的过程中，我们是靠左右脑协同工作完成这个过程的。通常左脑负责线性思维和数字化分析工作，右脑则需要完整的图像信息才能形成理解。逐字阅读时大脑不仅要不断叠加读入信息，完成运算工作，还需要随时记忆。读得慢了，记忆不到位，理解更不到位，阅读的效率自然就低。

同时逐字逐句地阅读不但拖延了我们的阅读速度，更加影响了我们的注意力。经对从众多阅读对象的长期观察中获悉："心不在焉，粗心大意，漫不经心"的阅读方式是最慢的，效果最差的。因为其思想不集中，什么东西也装不进去，白白浪费时间。或许我们都有这样的体验：拿起一本书逐字逐句地阅读，心中默念，但隔一段时间后，发现自己的思绪早就飘到了九霄云外。其实我们之所以难集中注意力，就是逐字阅读坏习惯造成的。不信你放下书，看下周围，我们的大脑不到一秒可以接收多少信息，处理多少关于图像、色彩、运动、气味的神经刺激。我们的大脑处理信息的能力要比世界上任何一台计算机都要强大，但我们却逐字地输入信息，试问我们的大脑又怎么能吃得饱呢？阅读最好的方式就是全身心地投入进去，进入忘我的境界，从这个意义上来讲，阅读就好像骑自行车，必须先用力蹬到一定的速度才能骑得稳，骑得顺畅。要想快速理解一个复杂的长句，大脑就必须在读入信息的同时将信息存入短期的记忆，而高速阅读能降低快速理解的难度。

逐字阅读的另外一个问题就是我们的视线会在不知不觉中偏离原来的移动轨迹，我们是视线会下意识地游离。人的眼睛天生就不善于捕捉静态的物体，身体的每个器官的原始功能都是为了维持生存，而不是帮助学到更多的知识。所以，眼睛天生就对动感的物体最为敏感。阅读的时候，我们必须时刻强迫自己将视线停留在静止的文字信息上，才能完成这样一项非本能的任务，所以才会产生各种各样的白日梦乘虚而入，阻碍阅读进度。一旦当外界的感官受到刺激，我们的眼球就会立刻离开书本，寻找物体。

由此可见，我们的双眼天生工作模式的确不适合一行一行地阅读静止的文体。不科学的阅读、学习方法只会无形中降低我们的学习效率，所以，为了提高学习效果，只有先提高阅读效率，而提高阅读效率我们就必须要从改掉逐字逐句阅读的坏习惯开始，培养快速阅读的习惯，提高阅读效率。

快速阅读是符合人们思维特征的快速、高效阅读方法。掌握了速读技能的人能以超过平常人十倍、甚至几十倍的速度进行阅读，换句话讲就是"一目多行"速读高手甚至可以达到"一目十行"。如一般人的阅读速度平均为（200～500）字/分钟，而掌握"速读"技巧的人能以（2000～5000）字/分钟的速度阅读书籍和资料，熟练者则可达到10000字/分钟的速度。它能节省视力和脑力，更有利于记忆。速读法并不神秘，它只是将人们自身就具有的对图像的识别能力运用到文字的阅读中去，从而改变了人们多年来所形成的传统阅读习惯。所以，我们在阅读的时候要多采用快速阅读的方法，改掉逐字逐句阅读的习惯，提升自己的阅读效率。

（1）从浅易读物开始，放松心情，祛除压力，运用眼睛扫读，开始训练快速阅读的方法。

（2）有变化地安排阅读。在速读训练过程中，不要长时间只读某一类读物，阅读材料的安排要有变化，以保持新鲜感，提高阅读效率。比如说每隔半小时就换成另一科目的书进行阅读。

（3）不要贪多，学习速读是一件十分容易的事，只要肯学，肯练，就必定学得会。只是练习时难免会有些枯燥乏味的感觉。为了让效果更快展现出来，一定要注意的事情就是必须采取渐进的方式去适应，千万不要贪多。因为，速读训练的效果需要经过一段时间，才会显现出来。训练时不断加量的做法是不可取的。练习一段时间之后，效果自然会显现出来。

5. 深层阅读，从粗读到精读

快速阅读可以有效提升阅读效率，在有限的时间内阅读更多的书籍，这对阅读的量的提升意义重大。而深层阅读则是提升阅读质量的关键。"浅尝辄止""水过地皮湿"流于表面的阅读，走马观花、浮光掠

第五章 学会阅读的方法，掌握高效阅读的技巧

影式的读书法，实在收获不了多少。所以，不仅要学会快读，更要学会深层阅读，养成深层阅读的习惯。

深层阅读，就是不满足于仅仅知晓这本书的字词句或是大体内容，而是要对文字背后更深层次的意义也得以感悟和挖掘，对书的内容进行反复地琢磨、咀嚼，直到烂熟于心后，再进行消化和吸收，使书的精髓和要义全部掌握的一种读书方法。

> 宋朝有个赵普，原先学识不多，当了宰相之后，宋太祖劝他读书，于是赵普就开始手不释卷。每次从外边回到家里，就关门勤读，果然很有成效，处理政事的能力不断提高。赵普曾对宋太宗说："臣有《论语》一部，以半部佐太祖定天下，以半部佐陛下致太平。"赵普死后，家人查看他的书籍。果然只有一部《论语》。于是就有"半部《论语》治天下"的说法传之于世。

这自然是一种夸张的说法，但也深刻地说明了读书要深层次阅读的重要性。真正把一本书读通了、读透了、读明白了，一本书就足以治天下。

深层阅读，不同于逐字逐句阅读，而是认真仔细阅读，探索研究地阅读，由粗读向精读的阅读。粗读，就如同大多数人平常的读书一样，快速读过全书，但粗读不仅仅是一扫而过，而是带着问题去读，当读到某一处你不懂时，不急，记下来，这样既有助于我们全面了解这本书的大概内容，又为下一步的深层精读打下了基础。作家冯友兰在《我的读书经验》中对精读和泛读有一个认识：

> 所谓精读，是说要认真地读，扎扎实实地一个字一个字地读。所谓泛读，是说可以粗枝大叶地读，只要知道它大概说的是什么就行了。所谓翻阅，是说不要一个字一个字地读，不要

让阅读成为一种习惯

一句话一句话地读，也不要一页一页地读。就像看报纸一样，随手一翻，看看大字标题，觉得有兴趣的地方就大略看看，没有兴趣的地方就随手翻过。听说在中国初有报纸的时候，有些人捧着报纸，就像念五经四书一样，一字一字地高声朗诵。照这个办法，一天的报纸，念一天也念不完。大多数的书，其实就像报纸上的新闻一样，有些可能轰动一时，但只是昙花一现。所以，书虽多，真正值得精读的并不多。

粗读法也称浏览法、泛读法，是指以极快的阅读速度把书通读一遍，以求对全书内容有个概括了解，知道了大略轮廓，把握每一章节究竟讲了一些什么问题。这就如同看展览一样，先是对展览品泛泛看一遍，知道个大概，而对每一部分展品并不仔细去看。也就是诸葛亮所说的"观其大略"。

愈挖愈出　愈研愈精

精读法亦称细读法、研读法，是指以正常的或极慢的阅读速度深入钻研全书的内容，以求对全书内容有全面透彻的理解，详细掌握书中的每一个论点、论据和论证方式，清晰地勾画出全书的结构或情节，这也如同看展览一样，对每一部分的展品都要仔细观看，了解展品的性质、结构和用途，还要探究展品背后的故事、文化及内涵。

好书不厌百回读，真正给自己启发的往往是所读中很少的一部分，有时仅是一句话，有时仅是一个小情节，可就是那一句话，一个小情节，让我们感悟很多。有时候甚至是因为某本书中的某一句会让我们灵感大发。比如达尔文研究进化论三十多年了，进化理论一直没有进展。直到有一天，他看到马尔萨斯的《人口论》时，忽然间恍然大悟。所以，好书是需要粗读、精读，更要深层次地读的。只有精心研究，细细咀嚼，才能体会书中的"微言精义"，才能"愈挖愈出，愈研愈精"。

第五章　学会阅读的方法，掌握高效阅读的技巧

古人说："读书破万卷，下笔如有神"，就是说只有把一本书读"破"了，才能真正获取书的精髓，才能对我们有所教益。而读"破"，不仅是读的遍数多，更是挖掘得深。这就要求读的时候"每大段中必分作细段，每细段必看读百遍，背诵百遍，又通背读二三十遍"，以达到"不知是人之文，我之文"的谙熟境界。由表及里地读，去芜存精地读，读细、读透、读懂，从篇章结构到段落区分及词语使用都深切领会，从语言到情节，从论据到论点，从思想到文采，从思维方式到行文风格都深层理解，才能深得书中之精髓，获得某种领悟或启迪，并把书中的知识转化为活生生的创造力，变别人的知识为自己的知识，才是真正的深层次的读书。

6. 概括阅读，掌握略读技巧

古今中外，积累起来的书真是多极了，真是浩如烟海，即便天天钻到书堆里，也不可能把书读完。倘使无论哪一部书都要从第一个字看到末一个字，那么，人的生命有限，一生能够读得多少部书呢？

略读就是简略阅读，只抓住关键性语句，弄清主要观点，概括主题思想就行了的一种读书方法。这种方法最大的好处就是可以阅读很多的书，而且读书也很轻松。现在一年出版的书籍，等于过去几年甚至几十年出版的书籍。要想加快阅读的速度，增加阅读的数量，扩大视野，增广见闻，提高阅读效率，就要运用这种阅读方法。

这样读书的人并不在少数。最有名的就是"五柳先生"陶渊明了。他的一句"好读书，不求甚解"，被许多后辈奉为圭臬。三国名相诸葛亮也是如此。《三国志》记载，诸葛亮年轻的时候和别人凑到一起读

· 121 ·

让阅读成为一种习惯

书，别人是"务于精熟"，诸葛亮则是"观其大略"，也就粗粗看一遍就算数。鲁迅先生也用这种读书法。在《且介亭杂文》中说，自己有个"随便翻翻"的阅读习惯："书在手头，不管它是什么，总要拿来翻一下，或者看一遍序目，或者读几页内容"；这样的"翻翻"不用心，不费力，又能读书之大义，这其实就是略读的真义。

略读的要领很简单，只要在书中找寻出"路标"即可。一般教科书或技术性书籍，"路标"由章节大小标题所构成。读者只需要把它们过目一遍，全书的大意就能略知一二了；无标题的书，可读每章中的第一段和每段的第一句。此外，也可一页页地扫描，注意力集中于重要字眼如斜体字、粗体字等。如此就能很快地看完全篇，获得完整印象。

在美国作者莫提默·艾德勒和查尔斯·范多伦的名著《如何阅读一本书》里关于略读是这样建议的：

（1）先看书名页，然后如果有序就先看序。要很快地看过去。特别注意副标题，或其他的相关说明或宗旨，或是作者写作本书的特殊角度。

（2）研究目录页，对这本书的基本架构做概括性的理解。这就像是在出发旅行之前，要先看一下地图一样。很惊讶的是，除非是真的要用到那本书了，许多人连目录页是看都不看一眼的。事实上，许多作者花了很多时间来创作目录页，想到这些努力往往都浪费了，不免让人伤心。

（3）如果书中附有索引，也要检阅一下——大多数论说类的书籍都会有索引。快速评估一下这本书涵盖了哪些议题的范围，以及所提到的书籍种类与作者等。如果你发现列举出来的哪一条词汇很重要，至少要看一下引用到这个词目的某几页内文。

……

（4）如果那是本包着书衣的新书，不妨读一下出版者的介绍。许多人对广告文案的印象无非是些吹牛夸张的文字。但这往往失之偏颇，尤其是一些论说性的作品更是如此，大致来说，许多书的宣传文案都是作者在出版公司企宣部门的协助下亲自写就的。这些作者尽力将书中的主旨正确地摘要出来，已经不是稀奇的事了。

完成这四个步骤，你对一本书已经有足够的资讯，让你判断是想要更仔细地读这本书，还是根本不想读下去了。如果想读，就准备略读吧。

（5）从你对一本书的目录很概略，甚至有点模糊的印象当中，开始挑几个看来跟主题息息相关的篇章来看。如果这些篇章在开头或结尾有摘要说明（很多会有），就要仔细地阅读这些说明。

（6）最后一步，把书打开来，东翻翻西翻翻，念个一两段，有时候连续读几页，但不要太多。就用这样的方法把全书翻过一遍，随时寻找主要论点的讯号，留意主题的基本脉动。最重要的是，不要忽略最后的两三页。就算最后有后记，一本书最后结尾的两三页也还是不可忽视的。

现在你已经很有系统地略读过一本书了。你已经完成了第三种形态的检视阅读。现在，在花了几分钟，最多不过一小时的时间里，你对这本书已经了解很多了。尤其，你应该了解这本书是否包含你还想继续挖掘下去的内容，是否值得你再继续投下时间与注意？你也应该比以前更清楚，在脑海中这本书该归类为哪一个种类，以便将来有需要时好作参考。

可见，略读的方法是先对整本书作一个全面的概览，了解其基本信息，然后再快速阅读全书。扫读阶段，快速阅读的同时，还须敏捷思考，以理解文字所表达的意义和重点。不要阅读神速，却不知所云，快速阅读必须与敏锐思考结合在一起。为保证快速阅读质量，读者应集中精力进行快速思考。随着阅读内容的扩展，意义的深入，情节的推进，阅读者不仅要逐步对读物有较深刻的了解，而且还须对阅读内容的性质和发展加以推断和预测。对情节发展的准确推断和对上下文关系的正确预测，可使阅读变得轻松而流畅，并能加快阅读速度。

经过对全文的迅速扫读后，基本上已明确了一本书的重点所在，从整体上有了更清晰的把握。这时，可以根据自己的需要或兴趣选择文中的某些部分继续进行细读。把略读和精读过程结合起来。

略读时应注意的几点：一要养成读书先读序目的习惯，根据各类序文的重要程序和阅读目的，采取不同的态度和方法，并从目录中了解该书的全貌，根据需要挑出一些章节来读。二要根据工作和学习的需要查阅有关参考书籍。三对不同类型的书采用不同的阅读方法。如对知识型的书，作重点摘要笔记；对小说，了解主要人物的主要思想；对评论性文章，抓住重要观点和材料。

7. 抓住重点，高效阅读

如果一年认真读书的话，最少可以读100本书以上。这些书籍，包括纯消遣的，涉及工作方面的，以及为了研究而阅读的书籍。因为工作很繁重，不可能有那么充裕的时间，从头到尾阅读每一本书，所以阅读时要善于抓住重点，阅读的效率才高。不过，在阅读重要的地方时，一定要认真仔细地读。最重要的事情，并非在短时间之内"读完"一本书，而是在短时间内获得自己所需要的"信息"。

仅仅利用短时间阅读，还想有效率地获得信息，就必须满足一个条件，那就是要明确地知道你想知道一些什么。仔细地阅读目录，如果不知道自己想知道的事情，那就找不出应该熟读的地方。如果在不知自己的需求之下，从头到尾读完一本书，那还不如花十分钟只熟读必要的地方效果要来得好些。对读书来说，最重要的并非阅读的时间，而是一种敏锐的判断力，知道应该熟读哪一部分，应该放弃哪一部分。知道哪里是重点，哪里不是。找到重点了，不论是读的是什么类型的书，不论你的职业是什么，即便身兼律师、会计师数职，必须时常阅读法律、税务，和经济方面的书籍，然而，不管从事法律、会计工作多少年，阅读了这些书籍以后，并非一下子就能融会贯通，有时必须重复阅读好多遍，再把"重点"打上记号。

所谓的"重点"是在一本书里面，以比较高的频率被使用的重要用语。它出现的部分，必须作为重点阅读。如果一开始就打上记号的话，再次阅读时的效率就会变得更好。汉语成语往往会变成所谓的关键字。比如一些专业术语及关键理论，尤其是在理工、经济方面，几乎都全部使用外来语，不容易读懂，但只要从

中找出关键术语和重点内容，就算是艰涩的专业书籍，也可以在很有效率的阅读下融会贯通。

阅读要抓住重点，抓住中心思想，才能做到高效阅读，阅读才能有效率，才能有收获。

一本书中，它的提纲和前言一般来说都是这一个章节的浓缩，可以通过这个提纲或者前言，推想出来这一章节的主题思想，这样，把每一章节的主题都总结出来以后，整本书想要阐述的重点，就很明确了。

要抓住重点，高效阅读，下面的方法是必要的。

（1）注意力集中

首先注意标题。一本书、一部小说、一篇文章或者一个章节的标

题，对你可能大有助益，因为它能告诉你，现在你正在读什么；它能告诉你，为什么你要读这本书、这篇文章或者这一章节；它能激发你的好奇心，从而使你更想读这本书、这篇文章或者这一章节。集中注意力之必要性和重要性是显而易见的。无数事实已经证明：没有一个人能够一边有效地阅读一本科学读物，一边却还在想着别的事情。

然后对书名、篇名、大标题、小标题以及开头的提示性问题，通览一遍，这样能够帮助你确立阅读的目的。只有明确自己阅读目的的读者才能成为一个好的读者，因为只有这样的读者才能知道自己想通过阅读得到点什么，于是他（她）就能很好地集中自己的注意力。全书浏览，每本书都有其主题和重点，浏览就是要抓住重点，弄清结构，以形成一个概括性的了解，为进一步的精读奠定基础。从书名，作者，出版社，到几章，几节的顺序先浏览一遍，做一个概括。

（2）对书进行提问

把握住全章的概括性内容之后，就要将全章分成若干节，对各节逐一阅读。对一节内容提出一些有针对性的问题，以引导进一步的细读。试着将标题转换成问题。比如题目是，"高效阅读的方法"，那就可以转化成"如何才能高效阅读？"这样就可以带着好奇心去书中探讨，就更有主题感。

（3）对重点部分重点阅读

对重点内容要做简洁、准确的笔记；并利用总结来帮助自己回忆并记住那些重要的内容，可以写出一份简单的大纲。让各种大、小标题帮助你找出各章开头的那些提示性问题的答案。然后，记下那些你认为重要的关键点。如果在一章的结尾部分有小结的话，一定要仔细地阅读。并检查一下自己做的笔记中是否包含了书中小结里的每一个要点。

对书中的图片、图表、地图、地球、立体几何图形的模型和其他各种形象化的辅助手段。它们往往能帮助你对一些抽象问题的理解，并能使你把阅读内容记得更牢。

（4）关注一些重要的细节

一般来说，细节是不重要的，是可有可无的。但并不尽然。有些细节对你准确而完整地理解阅读的内容并不是可有可无的，而是必不可少的。所以关键部分的细节需要细读。细读是最能抓住重点的方法。细读一定不要贪多求快，须仔仔细细、认认真真地读，一个字、一句话，乃至一个标点都不要轻易放过，一定要把其中的准确含义琢磨清楚，然后通过思索把作者的观点和文中的实质内容"抓"出来。

（5）对全书进行总结

将读完的书的内容做一个总结，一本书阅读完毕，还需再做一个工作：总结全书。唯有此，才能实现书本的由薄到厚，又由厚到薄的螺旋上升。同时一定要确定一个主题，这个主题就是这本书的重点所在。第五步，需要与人探讨交流，你自己的想法观点和别人对这本书的看法观点肯定是存在出入的，在交流过程中，你可以了解到别人对这本书的观点和看法，可以从中学习到更新颖的知识。最后，有遗留下来的问题，一定要通过各种途径将它解决，比如不懂的一个古老的文化历史，就应该在文献中去搜索查阅。这样才能做到高效阅读。

每一本书，作者不管是用朴实无华的语言来写，还是用难懂的专业术语来写，都会有他想要展现给读者们的东西和观点，所以这个主题就是这本书的重点所在。掌握了重点，才能让读书变得高效率。

8. 运用工具书辅助阅读

什么是工具书？

工具书是根据一定的社会需要，以特定的编排形式和检索方法，为人们迅速提供某方面的基本知识或资料线索，专供查阅的特定类型的图书。

工具书的特点是能够迅速提供知识或资料线索，即用特定的编排形式和检索方法，反映广泛系统的内容，为人们读书治学查找资料提供方便。譬如，汉字发展到现在已有几万个，如果遇到一个字不认识怎么办呢？我们借助《康熙字典》《中华大字典》《新华字典》等工具书，就基本上能解决某一个字怎样读、作何解释等问题。汉语词语发展到现在有几十万条，借助《辞海》《辞源》和《现代汉语词典》等工具书，也大体上可找到我们所需要的某一个词语的解释。例如，唐代杜牧的《山行》诗中，有一句"停车坐爱枫林晚，霜叶红于二月花"的诗句，那么"坐"字当何解释？查《辞源》即可知"坐"是"因为"的意思。全句即是：停车是因为喜爱枫林晚景的意思。所以有人说，工具书是无声的老师，也是阅读时最好的辅助工具。

例如，读文史书时要查古代典籍，可利用清代的《四库全书总目提要》，它对我国清代以前的 10254 种古籍的编纂经过、版本源流、文字异同、内容得失及著者事迹，都作有简要的考释。再如读历史书时要查阅历史大事年表，这方面的工具书就会给我们提供大量的帮助。其中的纪年表供查考年代，如《中国历史纪年表》；历表可换算不同历法、纪年法的年、月、日，如《中西回史日历》；大事表则为查考大事及其年代的工具书，如《中国历史大事纪年》。

说工具书是无声的老师，这句话一点也不过分。阅读中不光是碰到难解的词语、典故可以去查工具书，就是碰到不知道的人名、地名、事件、典章制度、年代等，都可以通过查阅工具书来弄清楚。如要查阅历代的典章制度，各种《会要》和《会典》就极为有用，是历代典章制度的资料宝库。下面是一部分会要、会典的作者、卷数、版本，我们读历史时可以参考。

《春秋会要》四卷，清姚彦渠撰，中华书局1955年校点本。卷一为世系、后夫人妃，卷二为吉礼，卷三凶礼，卷四宾礼、嘉礼，计六门、九十八事。校点时曾取原书所本"三传"（《左传》、《公羊传》和《谷梁传》）原文及有关书籍校勘，并加新式标点，是目前通行的较好版本。

《七国考》十四卷，明董说撰，中华书局1956年校点本。记战国秦、齐、楚、赵、韩、魏、燕七国的典章制度，分为十四门：职官、食货、都邑、宫室、国名、群礼、音乐、器服、杂记、丧制、兵制、刑法、灾异、琐征。校点时以守山阁丛书本为主，以吴兴刘氏嘉业堂刊本参校。

《秦会要订补》二十六卷，清孙楷撰会要，徐复订补，中华书局1959年出版。分世系、礼、乐、舆服、学校、历数、职官、选举、民政、食货、兵、刑法、方域、四裔十四门。

值得特别指出的是，此书对秦制与山东诸侯递相仿效之有显例可见者，亦详著于编，以明秦制并非完全独创而无因革可寻。

《西汉会要》七十卷，宋徐天麟撰，有中华书局1955年据商务印书馆国学基本丛书本重印本和1976年上海人民出版社校点本。计十五门、三六七事。十五门是：帝系、礼、乐、舆服、学校、运历、祥异、职官、选举、民政、食货、兵、刑法、方域、蕃夷。其他会要所分门类大都仿此，或略有增减改动。校点本据清江苏书局翻刻武英殿本为底本，参校了中华书局1975年第三次印刷的《汉书》校点本，校正了原书若干错误。

《东汉会要》四十卷，宋徐天麟撰，有中华书局1955年重印本和1978年上海古籍出版社新版。此书亦分十五门，计

让阅读成为一种习惯

三八四事。新版以清江苏书局翻刻的武英殿本为底本，参校了中华书局1973年第二次印刷的《后汉书》标点本，校正了某些原书的错误。

《三国会要》二十二卷，清杨晨撰，中华书局1956年校点本。分为帝系、历法、天文、五行、方域、职官、礼、乐、学校、选举、兵、刑、食货、庶政、四夷十五门。这本书旁搜博引，引书在一五五种以上，极有参考价值。

《唐会要》一百卷，宋王溥撰，中华书局1955年重印。此书不分门，凡五一四目，"于唐代沿革损益之制，极其详该"，为现存最早的一部会要。

《五代会要》三十卷，宋王溥撰，1978年上海古籍出版社重印。共279目。编者从五代历朝实录中引录了不少奏章、诏令，所记颇有史料价值，可与《旧五代史》《新五代史》相互补充。校点本以清江苏书局本为底本，同时参校武英殿本、沈镇本和上海图书馆、复旦大学藏传钞本，以及《旧五代史》《新五代史》《册府元龟》等，附有校记。

《宋会要辑稿》二百卷，中华书局1957年影印本，精装八册。此书为宋代官修，清徐松辑，北京图书馆1936年影印，共二百册，分帝系、后妃、乐、礼、舆服、仪制、瑞异、运历、崇儒、职官、选举、食货、刑法、兵、方域、蕃夷、道释十七门。此书材料丰富，是研究宋代历史的重要参考书。

宋李攸撰《宋朝事实》二十卷（中华书局1955年据国学基本丛书本重印）、李心传撰《建炎以来朝野杂记》四十卷（1937年商务印书馆国学基本丛书本），亦为查考宋代典章制度的有用参考书。

《明会要》八十卷，清龙文彬撰，中华书局1956年出版，精装二册。分为十五门，系以子目四九八事。十五门为：帝系、礼、乐、舆服、学校、运历、职官、选举、民政、食货、兵、刑、祥异、方域、外蕃。

《西汉会要》《五代会要》都是不加论断的。《唐会要》则有苏冕的《驳议》；《东汉会要》间附按语及杂引他说。此书录有《辑览御批》《三编发明》及其他论列。

此外，如《明会典》，万历重修二百二十八卷本，1936年商务印书馆万有文库本四十册，《大清会典》一百卷，清乾隆时官修，嘉庆、光绪时重修，亦可参考。

同样利用类书、政书、年鉴、手册、表谱、图录等工具书，能帮我们从纷纭复杂的名物制度和典故资料中，找到一个名物典故资料；从层出不穷的大事资料和统计数据中，找到某一个重要时事资料或者一个数据；从几千年有文字可考的历史资料中，找到一个历史事件或年月日资料；以及从反映各种事物和人物的图像资料中，找到某一个图像资料。这些方面的问题，如果离开工具书那是难以解决的。

今天我们可以依靠网络来查找我们需要的资料，但在没有网络的时代，工具书的意义不言而喻。即便在今天，在网络时代，上网搜索确实可以搜到我们想要的内容，但不免会流于碎片化，不系统。比如我国的图书典籍，据不完全统计，自先秦至清朝的2000多年间共有181700多种，新中国成立以来公开出版的更达30万种之多。要检索这些图书可借助历代艺文志、《四库全书总目》《贩书偶记》《中国丛书综录》《中国地方志综录》《全国总书目》等书目工具解决。

所以我们阅读时要善于运用工具书，来帮助我们阅读。运用工具书来辅助阅读，能帮助我们对阅读加深理解，解决我们遇到的一些专业方面的困难，让我们的知识层面更广。"工欲善其事，必先利其器。"是人们在书山探宝，学海求知的"器"。学会和善于利用工具书，是提升阅读的一项基本功。阅读中不光是碰到难解的词语、典故可以去查工具书，就是碰到不知道的人名、地名、事件、典章制度、年代等等，都可以通过查阅工具书来弄清楚。就像当你读到姜夔的《扬州慢》，读到"夜雪初霁，荠麦弥望。入其城则四壁萧条，寒水自碧，暮色渐起，戍角悲吟。予怀怆然，感慨今昔，因自度此曲。"你或许猜得到这两句的意思，但是要是逐字翻译，你就会觉得有些困难，甚至都不知道怎么读，这时，就应该查阅工具书，让工具书来帮你翻译。这样，你不但懂得了诗句的意思，还能让你在下次遇见同样的字词时记得它的意思，这就是工具书的作用——辅助阅读，促进理解，积累知识，加深记忆。多利用工具书无疑可以有效地提高阅读效率，并增加阅读的广度，使我们获益更多。

 9. 与时俱进，学会网络时代的阅读技巧

科技日新月异，互联网已成为现代人生活的一部分，与现代人须臾不离，而且使现代人的生活发生了翻天覆地的变化，更是全面颠覆了我们的阅读方式和阅读习惯。当今时代，网络已成为现代人汲取知识、了解世界、增进联系的重要方式，也成为我们学习知识、获取信息、交流思想、娱乐休闲的重要空间。网络时代的阅读技巧将越来越显示其强大的生命力，是信息时代所必需的生存能力，也是广大员工在信息时代生存与发展的基本素养。

网络时代带来了阅读方式的革命性变化。

《人民日报》的调查显示：2013年国民人均纸质图书阅读量为4.77本，比上年增长0.38本，我国成年国民数字化

阅读方式接触率首次超过半数，超五成的成年国民认为自己的阅读数量较少。2013 年，人均报纸阅读量较 2012 年下降了 6.35 期（份），期刊的人均阅读量也比 2012 年下降了 1.05 期（份）。

《解放军报》上的一篇文章说：2007—2008 年初的第五次国民阅读调查结果显示，网络阅读率为 36.5%，图书阅读已从 1999 年的 60.4% 降到 2008 年的 34.7%，网络阅读首次超过了图书阅读。2013 年第十次全国国民阅读调查结果显示，数字化阅读方式（包括手机、电子阅读器、PAD/MP4/MP5 阅读等）为 40.3%，尤其是手机阅读率明显上升。一项对官兵阅读行为的调查也显示，随着中国军网、全军政工网等网络的完善，官兵阅读行为也呈现出"读书率下降、读网率上升"的显著变化。从边远海岛到野战营地，上网冲浪已成为官兵新的休闲方式。网络一方面打破了传统纸质文本一统天下的局面，为人们展现了数字化阅读的美好前景，另一方面，也引起了众多有识之士关于网络对阅读产生负面影响的担忧。

调查显示，2015 年我国国民上网率为 70.0%，较 2014 年增长 4.2%，其中手机上网率增长 9.7%，报纸和期刊阅读率则有所下降。可见网络阅读正呈现全面的上升趋势。在网络发达的现代社会，每个人，不论男女老少，大家基本都会玩一两样电子产品。手机、电脑，是最常见的网络工具。互联网的出现将整个世界都连到了一起，我们可以足不出户，就了解到世界各个国家的发展走向和各种新闻，更不用提想要看的书和想要知道的知识，随便搜索一下，就能出来数十条词条。因此我们要与时俱进，充分利用网络学习，学会网络阅读的技巧。

虽然网络阅读与传统阅读没有本质的不同，却还是有一些区别的。

网络阅读更简单方便，但由于海量信息的冲击，使我们接触的信息量过大而导致不能进行深层阅读，只能是快餐式的浅阅读。传统读书是纯文本阅读，是单一、线性思维模式，容易进行稳重、理性的深阅读。网络阅读则是跳跃性、碎片化的快速浏览，海量信息、图像、视频和无限多的链接，很难让人们静下心来沉思冥想，却容易让人们陷入"信息越多、思考越少"的"浅阅读"困境，不但难以形成思想上的启发，反而容易造成依赖网络、学识浅薄的问题。所以，网络阅读也需要技巧。

（1）利用网络书店

在互联网发展之前，要买到一本已经售罄的书十分艰难。而到了今天，只要利用网上书店或网上旧书店就能很轻易入手。现在的网络书店里不仅有每一本书的基本信息，简单介绍，目录前言等，也有清晰的图片，更可贵的是还有试读的章节，让你可以轻松体会一本书的文字风格和基本的内容，买好后还可以直接快递到家，几乎满足了一切买书前所需要的条件，让我们可以轻松简单地买到心仪的书。再加上搜索的简便性和资源的丰富性，几乎可以满足我们所有买书的需求，甚至连几十年前的、实体书店一般绝不会上架的老版书也一样可以轻松求取，节省了我们大量外出淘书、买书的时间，也不必担心买的书太多而累坏了自己，或是搬运麻烦。所以学会利用网络书店为我们服务是非常必要的。

（2）阅读电子书

电子书现在是越来越普及了，既方便携带又价格便宜，还环保，节省了纸张、印刷、保管、库存、搬运、发货等一系列费用，可谓方便又环保，好处数之不尽。故而电子书是不可阻挡的大趋势。虽然爱读书的人可能还是更倾向于传统的阅读，觉得捧一本书读才有韵味，但这样的趋势也是不能忽视的。现在的电子书在体验上已经与传统的纸质书没有什么区别了，同时更方便、更简单、更有利于随时阅读。

（3）学会网络阅读

网络成为我们阅读的重要途径之一，特别是资讯及一些重要的信息，更得益于网络的快捷和方便，才能使我们轻松获得。不过网络阅读要善于分辨可读与不可读的信息。

网络信息发布具有很大的开放性、随意性和自由性，决定了其信息过滤相对松散，信息良莠不齐，各种色情、暴力、窥私、猎奇等低俗阅读成为"读网者"难以回避的重大诱惑与挑战。这种阅读，不仅无助于个人思想境界的提升、人格的修养，反而容易导致畸形心理的产生与道德人格的异化，给人们身心健康带来危害。而在"流量为王"的理念指导下，有的网站也愿意炒作、发布各种负面新闻，并通过头条、专题、要闻或热门排行等方式，影响并引导阅读选择，还能够轻易以图像、音视频等多样化手段创造看似真实的感知环境，刺激人们的感知系统，使人们不知不觉接受。经常阅读网上负面信息，容易导致人们认知混乱、价值观扭曲，所以要学会分辨良莠，并自觉抵触一些不良信息。

（4）提升阅读品位，从网络选取优秀书籍

决定阅读价值和意义的根本，主要不是通过什么载体，而是读什么、怎样读，后者恰恰取决于阅读主体的品位和选择。北宋诗人张载曾说："人若志趣不远，心不在焉，虽学无成。"若有所成，必然有梦想指引，有目标追求。所以要有判断阅读的道德品质。学者周国平说，一个真正的读者具备基本的判断力和鉴赏力，仿佛有一种内在的嗅觉，能够嗅出一本书的优劣，本能地拒斥劣书，倾心好书。这种能力部分地来自阅读经验，但更多地源自一个人灵魂的品质。有人说，一旦你的灵魂足够丰富和深刻，你就会发现，你已经上升到一种高度，不再能容忍那些贫乏和浅薄的书了。这种内在的嗅觉，就是一个人的道德品质。道德是发自内心的一种自我约束，它能够让人们拒绝各种诱惑。在网络时代各种诱惑和冲击面前，要有这样高尚的道德品质，才能对网络信息作出客观审视和理性选择，才能在各种诱惑面前，清楚地意识到自己的鼠标该滑向哪里，点击何处，洁身自好，健康阅读。

（5）从"浅阅读"中发现深层的道理

网络阅读大多是"浅阅读"，也就是一种快速获取资讯、浏览信息的过程，阅读仅仅停留在了解或者知道其大概意思的层面上，了解的信息也多是碎片化和娱乐化的，停留在浅显表层，严肃阅读缺失，很难触及深度。特别是移动互联网时代，信息大爆炸，在生活压力大、业余时间愈加珍贵的当下，搜索式阅读、标题式阅读、跳跃式阅读等浅阅读大行其道，因为可以让人们在浩瀚的信息海洋中高效而精准地获取对自己有用的信息。为了高效率地学习、工作，在有限的时间内获取更多有用的信息和知识，只能浅阅读。但不能仅仅就一直流于浅阅读，要学会在浅阅读中发现深层的道理，真正把阅读作为自己增长学问、开阔眼界、提升素质的渠道，而不仅仅只是娱脑娱心的一时快感。

（6）学会从网络阅读中提升自己

网络阅读是一种有别于传统纸张阅读的新型阅读方式，此种阅读方式的兴起、发展有赖于互联网的发展。网络阅读的特别是无纸张限制、无携带保存障碍、方便、节约资源。图书保存于网络，一点即可阅读，不用案头堆积如山，耗费巨大木材资源。

由于社会分工的不同，不同专业领域的人士往往倾向于选择自己感兴趣、专业领域内的书进行认真阅读、研究。网络只是知识信息的传播媒介而已，在这个载体之下，有着内容丰富、形式多样的广义阅读资源，要利用网络上方便快捷的阅读资源来提升自己的专业素质和人文素养，从而让自己不断进步和提升，成为优秀的人。

（7）学会利用网络的便捷辅助阅读和理解

阅读对于人的理解能力、逻辑性和综合能力等方面都有很大提高，这不是别的获取信息的方式可以替代的。网络阅读更是如此，而且网络阅读比传统阅读更有利,因为网络最大的好处是查找,是搜索,这对于我们的阅读无疑更方便快捷了。比如我们可以用电脑代替字典甚至其他的工具书,网络还有互译的功能,可以从更多的角度帮助我们理解书中的含义,也使我们的阅读范围更加广阔,这是传统阅读时没法比拟的。我们要学会利用网络的这些先进的功能,帮助我们更好地阅读。

我们可以按照兴趣爱好自由地选择网上的文章,我们还可以发表自己的见解,与网友互动,交流切磋。还可以在各种论坛及博客中发表自己的见地。网络的参与性是纸质媒体无法望其项背的。网上读书,既可以在线阅读也可以下载,方便快捷,几乎唾手可得,为我们节省了不少逛书店的时间和购书的开销。网络以超文本的组织形式,通过链接,纵横天下。其独有的开放性使我们思路更开阔,接受的信息量更多。网上有丰富的图片、音频和视频,这是传统媒体很难承载的。网络已经成为我们学习读书的很好的平台,特别是移动手机客户端,更是创造了不论何时何地都能自由阅读的新时代,方便省事,还省时间,使网络阅读上了一个新的台阶。只要愿读,随时随地、任何条件下都能实现轻松阅读。网络还可以替代工具书,为阅读提供全方位的辅助,使阅读更轻松便捷。

当然,任何事情总有另外的一面,网络阅读有利有弊,要学会发扬长处,避开短处,不要让自己沉迷网络,而要让网络成为我们的助手。只要能掌握住度,就能从中获得有用的知识,就能充分利用网络学习文化知识,提高自己的文化素养和底蕴。

第六章

善于整理，获取阅读的精华

　　读书不能只是读读而已，泛泛而读汲取不到书中的精华。学会整理的方法，记下书中的精髓，并对全书有一个全面而深刻的了悟，才是真正掌握了书中的知识。

让阅读成为一种习惯

 1. 阅读不仅仅是读

阅读，不仅仅是读，更应当是思考、感悟和获益。从不厌其烦的品味、深入其中的思考和举一反三的领悟中获益，才是阅读的真正意义。如果把阅读仅仅流于读的层面，那就太可惜了。所以孔子说："学而不思则罔，思而不学则殆。"意思是只知道死读死背而不知道思考，到头来等于白学了；如果只是苦思冥想却不认真读书，就会孤陋寡闻，才疏学浅，更不能做到博见约取，标新立异。这是阅读的要旨，既要学，也要思，不能为读而读，也不能只思不读。读"死书"或是"死读书"都没有什么意义。作家将孔阳说：

> 书就是书，无所谓死活。你读它的时候，能够联系实际，活学活用，把书上印的黑字读成生动的思想和感情，这时，书就活了。举一反三，触类旁通，灵思妙悟，等等，都是读'活'书的好处。许多科学家的创造发明，许多文人学士的锦心绣口，都是读'活'书的光辉例证。因此，我们应当读活书。至于古人说的'尽信书，不如无书'，更说明了我们不能死死地迷信书，我们要掌握读书的主动权。

这个主动权就是要多思、多悟、多得。人非生而知之，只有不断学习前人的经验、成果，充实自己的头脑，才能进一步有所发现，有所创造。但阅读本身并非目的，从读中学，从读中悟，从读中得，学会举一反三，灵活运用才是真正的目的。死读书是不行的。读的同时还要发挥

主观能动性，积极思考，打破嚼碎，并消化吸收。如果学到的东西不经头脑加工，就好比吃下的食物未经口腔咀嚼、肠胃消化，即便是美味佳肴，也不会被身体吸取一样，非但无益，反而有害。法国作家伏尔泰对此有着十分精辟的论述，他说："书读得越多而不加思考，你就会觉得你知道得很多。而当你读书思考得越多的时候，你就会清楚地看到你知道得还很少。"

要善于思考，需要有蜜蜂酿蜜的精神。每一克甜美的蜂蜜不知凝聚了那小生命多少的心血。思考也需要我们下苦功夫，以"打破沙锅问到底"的探索精神去钻研，切不可不懂装懂，浅尝辄止。对所读的书进行思考，不但可以提高自己的理解能力，还能提高判断力和清醒冷静的能力。作者刘未鹏在一本书里写道：

> 比阅读更重要的，其实是阅读中的思考，带着脑和心去阅读，我把这个称为'独立阅读'。在独立阅读中，我们对知识进行再次的深度加工，和自己既有的知识和经验体系去对照、印证，去碰撞，去对比，去分辨，然后破立、融合、存疑、延展、细化。经过了这样一个过程的阅读，看起来我们是阅读一篇文章，但其实我们代入了自己整个身心、思维、切身经验中的第一手素材。在这样的阅读中，一篇文本可能会帮助纠正我们知识体系中有问题的结论或预设，可能会为我们已经相对确立的结论提供更深刻的佐证，可能会帮助弥补我们知识体系中的短板，可能帮助我们去进一步反思我们的知识体系中那些含糊、泛而泛之的初步结论，可能打开了另外一条新的知识分支。

在阅读一本书的时候，读一遍是根本不够的，第一遍读和第二遍第三遍甚至第七八遍读后的感受都是完全不一样的。每次读书都一定会有

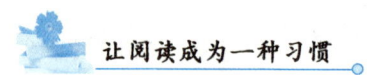
让阅读成为一种习惯

不同的心情和不同的感受。古人云："温故而知新，可以为师矣。"温习旧的知识，还能从中学到新的知识，这样就可以去做教书育人的老师了。每一次的阅读都能获得新的知识，每一次的获得都能让我们进步。

阅读，不仅仅是读。还是心灵与身体共同的享受。读书不仅仅能给思想赋予创造力，更能安抚我们的心灵，强大我们的灵魂，赋予我们健康的身心。读书带来的乐趣，不是光用一两句话，一两个称赞的词语就能形容出来的。"饭可以一日不吃，觉可以一日不睡，书不可一日不读。"这样的习惯，才是我们日日精进的基础。

阅读，不仅仅是读，还要得。如何得？从读中得，从悟中得，从各种各样的理解和感悟中得。因为读书本身不能创造价值，理解和记忆知识都不能创造价值，改变行为才有可能创造价值。改变行为只发生在把读来或者听来的知识结合自身经验进行反思之后。所以读书不仅要读，还要多思考、多探讨、多实践，以期有所悟并有所得。

2. 不动笔墨不读书

"不动笔墨不读书"，这是徐特立老先生一生治学的经验之谈。他认为，青年学生要在读书过程中学会思考，并善于将思考所得及时记录下来，作成笔记，以求阅读时对作品的深入理解。

读书要勤于动笔墨。这既是一种良好的习惯，又是一种良好的阅读品质，同时也是一种非常有用的学习方法。读书动笔，不论是摘抄名言名句，还是记下重点要点，或是写写感悟感慨，都意义无穷。边读边动笔，既能够帮助你记忆，又有利于抓住一本书的重点，标出书中的难点，既能利于储存资料，扩大知识面，提高分析能力，还能边读边悟，记下在读的同时产生出的那些思想的火花。这样读书，无疑获益良多。

学者蒋孔阳在谈到记笔记时说：

我们读书，光凭记忆不行，不仅记忆不了那么多，而且记不准确。为了准确地把我们读过的书积累起来，保存起来，我们就得记笔记。古今学者，不记笔记的，可说难得其人。但我年轻时，却自恃记忆力比较好，不肯认真记笔记，结果贻误和遗憾都无穷！……在我记笔记的时候，大致分成两种：一种是资料性的，专记文物考据、历史事实，以及书中所引到的例证和故事；另一种，则是思考性的，记录我在读书的过程中所受到的启发，引起的感受和随时想到的议论。这两种笔记对我的学习，都提供了很多的方便和帮助。有些事实，当时只要随便记记，并不指望以后会有什么用处。但意想不到的，是它们后来竟然起了大的作用。例如1986年6月27日，我看《新民晚报》，偶然看到一条消息，说两个意大利人，到非洲原始部落去旅游，发现了一种奇特的妇女"美容术"。我出于好奇，把这条消息记下来了。哪里知道，数年以后，我写《美学新论》，写到《美感的诞生》时，我用上了这条笔记。

可见"动笔墨"式的读书，会让人收获更多。读书是一个过程，只有边读边思、边读边写，才真正地构成了阅读的方式。"动笔墨"的过程，既是反复加深对阅读内容理解的过程，又是帮助头脑建立资料库的过程。读书动笔，读书效率就会越来越高，书就会变成营养，被吸

让阅读成为一种习惯

收,被运用。

动笔,常见的有两种形式,一是搞摘录、写批注。主要包括:评文字、析含义、议内容、谈感想、评写作方法等。毛泽东同志读史就是用的这种方法。

几十年来,毛泽东同志每阅读一本书、一篇文章,都在重要的地方划上圈、杠、点等各种符号,在书眉和空白的地方写上许多批语。有时还把书、文中精当的地方摘录下来或随时写下读书笔记及心得体会。毛泽东同志所藏的书中,许多是朱墨纷呈,批语、圈点勾画满书,直线、曲线、双直线、三直线、双圈、三圈、三角、叉号等符号比比皆是。以毛泽东同志读"二十四史"为例。毛泽东同志酷爱这部书,他读此书时,批注的文字特别多,他一共批注了198条,3583个字,这些文字中,最少的是2个字,最多的一条写了3914个字,大部分批注都是十来个字到三四十个字左右,这些批注文字,都是他读书时头脑里的所思所想。毛泽东读《二十四史》就有力地实践了不动笔墨不读书的精神。

使用批注,运用批注,是很好的阅读技能。具体包括圈点法,即采用圈、点、线,如直线、双线、圆圈、黑点、叉号、箭头、曲线、方框线等分别表示不同的意义;旁注法,即在书的空白处,针对所读内容,对作者的观点、遣词造句等作简要评价,或写出自己对作品内容进行的质疑,引发自己进行深入的思考。

动笔墨读书的第二种即是记笔记。做笔记,常用的有两种形式,一种形式是在把原文读通,读懂的基础上,抓住要点,然后把基本内容简明扼要地概括出来;另一种是写心得,就是读了一篇文章或一本书以后,将感想和体会用自己的话写下来。

俗话说"好记性不如烂笔头",一个人记忆力再好,也不可能记下所有读过的书。随手记笔记显然能提高记忆能力,可以防止我们忘记那些重要的东西。读书笔记,是一本书的精华总结。把其中的重点知识总结出来,日积月累,就会获得越来越多的知识,在下一次遇到类似的问题时,只要翻阅曾经写过的笔记,就能得到灵感。记笔记还可以积累资料,便于日后查询,甚至运用,就像蒋孔阳说的那样。积累下来的这些资料,也能让自己越来越博学多才。

读书"动笔墨"还可以加深对书的理解。在读书的时候我们会对书里的观点产生共鸣或者分歧,也会去思考书本里的知识。那么在阅读过程中,当我们将自己的思想记录下来以后,就可以让自己对这本书加深记忆,并且产生新的思想。

所以,读书一定要做读书笔记,不做笔记的话,学过的知识就得不到巩固,写作的能力也得不到提高,这样的读书,还不如不读。这就是"不动笔墨不读书"的真义。

3. 读书笔记怎么记

读书笔记,指读书时为了把自己的读书心得记录下来或为了把文中的精彩部分整理出来而做的笔记。在读书时,写读书笔记是帮助阅读、提升阅读效果的好方法。所以俄国文学家托尔斯泰要求自己:身边永远带着铅笔和笔记本,读书和谈话的时候碰到一切美妙的地方和话语都把它记下来,以备为自己所用。我国近代著名思想家梁启超也说过:"大抵凡一个大学者平日用功,总是有无数小册子和单纸片,读书看见一段资料,觉其有用者即刻抄下,资料渐渐积得丰富,再用眼光来整理分析它，便成一篇名著。"这些都说明了整理笔记的重要性。

那么如何做好读书笔记呢？

唐朝的著名文学家韩愈，在《进学解》里讲到了他的方法："记事者必提其要，纂言者必钩其玄。"他读记事的历史书，把重要的事件摘记下来。他读哲理书，把主要论点摘出来。韩愈的读书笔记，有几篇还保留在他的集子里。有一篇《读〈鹖冠子〉》，我们可以看看他是怎样写读书笔记的：

《鹖冠子》十有九篇，其词杂黄老刑名。其《博选篇》，"四稽""五至"之说当矣。使其人遇时，援其道而施于国家，功德岂少哉！称"贱生于无所用，中流失船，一壶千金"者，余三读其辞而悲之。文字脱谬，为之正三十有五字，乙者三，灭者二十有二，注十有二字云。

他先写明这部书有多少篇，没有写作者是谁，什么地方人，因为无从查考。其次指出这部书的内容是讲什么的。这部书属于先秦诸子，先秦诸子分好多流派，所以指出"其词杂黄老刑名。"黄老就是道家，讲黄帝、老子的学说的；刑名就是法家。指出这本书的内容是道家兼法家。再指出这本书中的要点，有篇叫《博选篇》，里面提出"四稽""五至"的学说，"四稽"指出从四个方面来考察，"五至"要达到五个要求，都是为治理国家打算的。韩愈认为他的学说很恰当，假使他被国君任用，用他的办法来治理国家，功效是不小的。又引了其中《问学》篇里的话："贱生于无所用，中流失船，一壶千金。"反复吟咏，以至于心有戚戚焉，悲从中来。因为当时韩愈所读《鹖冠子》脱落严重，是"十有六篇"的残本。韩愈为其"正三十有五字，乙者三，灭者二十有二，注者十有二字"，即"改正三十五个字，把颠倒的字勾过来的有三处，涂去的错字二十二个,旁边注明改正的字的有十二个。"

从这篇里我们看摘要的读书笔记是怎样写的。韩愈的读书笔记,摘记了要点,还写出自己对这些要点的看法,包括表达出自己的感情。一般来说,读书笔记的形式有以下几种。

(1) 提纲式笔记

是用纲要的形式把一本书或一篇文章的论点、论据提纲挈领地叙述出来。提纲可按原文的章节、段落层次,把主要的内容扼要地写出来。提纲读书笔记可以采用原文的语句和自己的语言相结合的方式来写,综合全文写出要点,语言要简明扼要,具有高度的概括性。提要可以完全用自己的语言扼要地写出读物的内容,除客观叙述读物内容外,可带有一些评述的性质,也可以对一篇文章或一本书的内容梗概作简要的说明。

(2) 摘录式笔记

是在读书时把与自己学习、工作、研究的问题有关的语句、段落等按原文准确无误地抄录下来。摘录原文后要注明出处,包括题目、作者、出版单位、出版日期,页码等,便于引用和核实。摘录要有选择,以是否有用作为摘录的标准。还有的是从原文中抄录重要的词句或语段,主要是为了积累词汇、句子,供日后熟读、背诵和运用。摘抄原文要写上分类题目,在引文后面注明出处。

(3) 评论式笔记

主要是对读物中的人物、事件加以评论,以肯定其思想艺术价值如何。可分书名、主要内容、评论意见三部分内容来写;也可用提纲方法把书和文章论点或主要论据扼要记叙下来;还可用摘要式综合全文要点,记下主要内容;可以就全书或全文对得失加以评论。评论式读书笔记不单是摘录，而且要把自己对读物内容的主要观点、材料的看法写出来，其中自然也包括表达出笔记作者的感情和对摘录的要点做概括的说明。这种笔记有的是直接写在书籍空白处的，叫旁批或是旁注。还可以补正，即对原文感到有不足的地方进行补正或校误。

（4）心得式笔记

也就是自己的读书心得。是读书或读文章后写出的自己的认识、感想、体会和启发。像札记、心得及综合性的读后感，都是心得式的读书笔记。这种笔记的特点是将读书体会、感想、收获写出来。综合观点、见解，提出自己看法并记录下来，也是很好的读书方法。

（5）存疑式笔记

主要是记录读书中遇到的疑难问题，边读边记，以后再分别进行询问请教，达到弄懂的目的。

（6）简缩式笔记

为了记住故事梗概，读了一篇较长文章后，可抓住主要内容，把它缩写成短文。

以上只是对读书笔记形式的介绍，其实我们自己写读书笔记并不囿限于这些形式，可以多种形式综合起来，根据自己的阅读和写作特点来写，都是可以的。关键不在于怎么记，而在于是不是坚持记。只要阅读时手不离笔，坚持记笔记，不论笔记形式如何，久而久之，必有收益。

4. 关键知识的归纳和整理

一本书里的关键知识一定要进行归纳和整理，这样读书才能有效果，才能获得有用的知识。关键知识的归纳和整理，也需要一定的技巧和方法。

整理和归纳关键知识，形成知识体系是阅读中非常重要的一个环节。良好的归纳总结，可以让我们轻松通览全书，提纲挈领，掌握要点。那么如何对一本书的关键知识进行归纳和整理呢？

（1）整理全书的要点

一本书虽然知识点众多，但最重要、最关键的，往往只有几个。归纳整理知识体系的目的就是要做到突出重点。要学会抓住书中的重点，并且要动手写出这些要点，并回忆一遍。有些书每个章节后面有要点小结，可以将这个小结与自己的要点总结对比一下，看是否遗漏了关键要点，并补齐。这样，一本书读下来，重要的精髓就已经基本掌握了。

（2）归纳全书的核心内容

书看完之后，合上书本回忆一下全书的内容，并依照章节内容归纳一下章节的核心。

这种归纳方式是最常见的方式，也是最基础的方式，比较能够帮助我们迅速掌握这本书的核心内容。

（3）学会做思维导图

当前，用思维导图来加强阅读的效果很流行，也很有用。我们在阅读时也不妨采用这一方法，来加深阅读理解的程度。

阅读思维导图的作用是帮助自己深入阅读，在完成思维导图笔记的过程中，整理归纳书的要点，梳理书中的整理框架。当整理完书的要点之后，再从整体上来考虑全书的结构，按照对书的理解，从整体角度，对内容进行重新排列组合，让这些内容更清晰、更有逻辑性。在梳理完整本书的要点之后，一眼就能看到书的整体结构是否合理，逻辑是否清晰，观点是否明确，更加便于理解。对于大多数的书而言，当你完成这样的步骤之后，多重复几遍，会让你理解得更深入一些。用思维导图来快速阅读书只是结合了思维导图这个工具，使全书的思维脉络更清晰明了，同时更容易把握住全书的核心思想与脉搏。

让阅读成为一种习惯

那么如何来做阅读的思维导图呢？

第一步，画出中央图。

在读完一本书或正在读一本书的时候，自己的大脑一个中心的焦点和基本的结构，在这个框架里面，它可以把所有从研究这本书得来的全部信息综合起来。有这样的意识后你就可以取一张大纸，画一个中央图，把书的主题或者书名总结上去。作为思维导图的核心。

第二步，把书中的知识点集成框架。

比如采用与书中内容关联度为标准或是直接是章节为标准，归纳总结全书的要点。可以用不同的颜色在思维导图上增加一些内容。也可以将书本里面的主要要素都提取出来，比如时间，地点，人物，事件的起因，发展，和结果。把这些重要的要素总结归纳出来，整本书的主线就十分明确了。

第三步，完善思维导图。

可以一边读书一边做思维导图；一边读一边在书上做一些标记，并在事后完成思维导图。这些办法都同样有效——你所选择的无非是根据个人偏好而要的方法，或者也许根据这本书是否归你个人所有而决定。可以先将一个章节的每个段落的段意先分别总结出来，然后将这些段意再联合到一块总结出来一个总体的主题内容，那么这一章节所阐述的内容就一目了然。

一边读一边做思维导图就好像与书的作者进行持续的"对话"，在书往前进展的时候会反映出知识的展开模式。不断扩大的思维导图也会让你注意到理解水平，并据此调整自己的注意力。思维导图的好处在于它的结构是发散性的，不需要预先准备什么框架，一切都自然而然完成：一个分支开拓一个分支，层层递进，相当于书中的一个观点引出另一个观点，一个事件引出另一个事件，一个主题引出另一个主题。绘图的递进和书内容的递进是齐头并进的。边读边绘，意味着导图成为你的一个锚索，因为随时要把要点记录下来，而且归类在某一个分支下，就必然随时都在深入思考的状态。所以思维导图辅助下，阅读很容易进入深度阅读状态。

事后画思维导图有一个长处，即你只在掌握理解了全书内容和部分内容与彼此的关系后才开始做。你的思维导图因此就会更为全面，更有一个核心，也不太可能需要修改。

不管选择哪一种方法，都必须记住，对一本书做思维导图是一个双向的过程。目标不是简单地以思维导图的形式复制作者的思想。它是要根据你自己的知识、理解力、解释和具体目标来组织和综合作者的思想。你的思维导图应该能够理想地包括你自己的评论、想法以及从刚刚读到的东西里得到的创造性的理解。用不同的颜色或者代码会让你自己对该图的贡献与作者的思想区分开来。

下面是《如何阅读一本书》的思维导图。

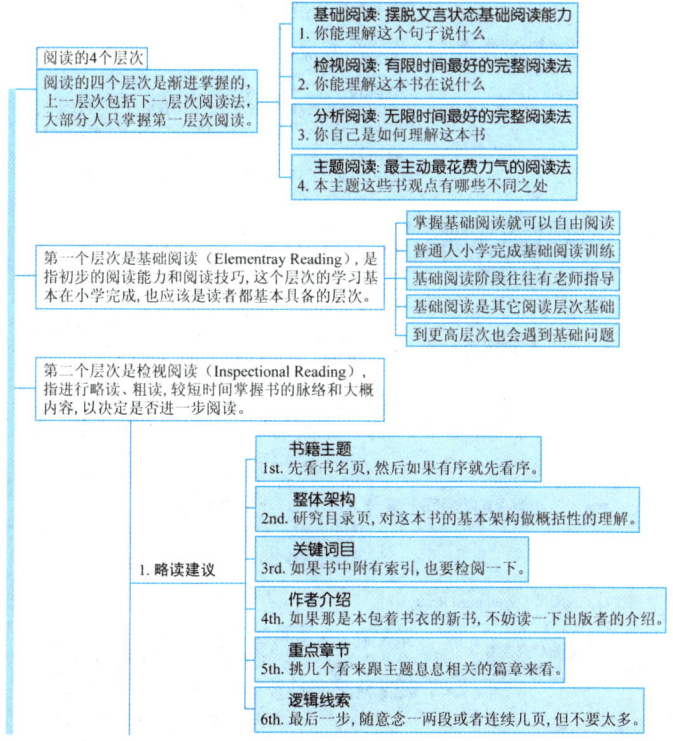

让阅读成为一种习惯

如何阅读一本书
莫提默·J·艾德勒(美)
查尔斯·范多伦(美)

- 2. 略读建议：遇到不懂的部分就跳过去，完整地读一遍，即使你只掌握了50%或更少，那样也比因为某个地方停下来要好得多，我们的教育总是强调关注自己不会的地方，但在阅读上这样不可取。
- 3. 阅读速度：不单是要提高速度，而且要能用不同的速度来阅读。
- 4. 逗留与倒退：眼睛的逗留会影响速度，而手是个简单有效的工具。通过注视移动的手指来提高视线移动的速度，这样，阅读速度也跟着提高了。
- 5. 目的：这是一种非常主动的阅读，从书的整体着眼来略读，有助于很快把握重点，发现自己最需要的信息。同样，这么做会节约不少时间。
  - 是否值得深入一读？
  - 属于哪一类可备查？

第三个层次是分析阅读（Analycal Reading）

1. 分析阅读的第一阶段：找出一本书在谈些什么
- (1) 分类：依照全书的种类与主题来分类。
- (2) 概括：使用最简短的文字说明整本书在谈些什么。
- (3) 大纲：将主要部分按顺序与关联性列举出来，将全书的大纲列举出来，并将各个部分的大纲也列出来。
- (4) 问题：确定作者想要解决的问题。

2. 分析阅读的第二阶段：诠释一本书的内容
- (5) 字词：诠释作者的关键字，与他达成共识。
- (6) 句子：由最重要的句子中，抓住作者的重要主旨。
- (7) 逻辑：知道作者的论述是什么，从内容中找出相关的句子，再重新架构出来。
- (8) 问题：确定作者已经解决了哪些问题，还有哪些是没有解决的。再判断哪些是作者知道他没解决的问题。

3. 分析阅读的第三阶段：像是沟通知识一样地评论一本书

A. 智慧礼节
- (9) 除非你已经完成大纲架构也能诠释整本书了，否则不要轻易评批。(在你说出："我读懂了!"之前，不要说你同意、不同意或暂缓评论)
- (10) 不要争强好胜，非辩到底不可。
- (11) 在说出评论之前，你要能证明自己区别得出真正的知识与个人观点的不同。

B. 批评观点的特别标准
- (12) 证明作者的知识不足。
- (13) 证明作者的知识错误。
- (14) 证明作者阐释不合逻辑。
- (15) 证明作者的分析与理由是不完整的。

第四个层次是主题阅读（Syntopical Reading）

1. 观察研究范围：主题阅读的准备阶段
- (1) 针对你要研究的主题，设计一份试验性的书目。你可以参考图书馆目录、专家的建议与书中的书目索引。
- (2) 浏览这份书目上所有的书，确定哪些与你的主题相符合，并就你的主题建立起清楚的概念。

第六章 善于整理，获取阅读的精华

2. 主题阅读：阅读所有第一阶段收集到的书籍	(1)浏览所有在第一阶段被认定与你主题相关的书，找出最相关的章节。
	(2)根据主题创造出一套中立的词汇，带引作者与你达成共识——无论作者是否实际用到这些词汇，所有的作者，或至少绝大部分的作者都可以用这套词汇来诠释。
	(3)建立一个中立的主旨，列出一连串的问题——无论作者是否明白地谈过这些问题，所有的作者，或至少大多数的作者都要能解读为针对这些问题提供了他们的回答。
	(4)界定主要及次要的议题。然后将作者针对各个问题的不同意见整理陈列在各个议题之旁。你要记住，各个作者之间或之中，不见得一定存在着某个议题。有时候，你要针对一些不是作者主要关心范围的事情，把他的观点解读，才能建构出这种议题。
	(5)分析这些讨论。这得把问题和议题按顺序排列，以求突显主题。比较有共通性的议题，要放在比较没有共通性的义题之前。各个议题之间的关系也要清楚地界定出来。注意：理想上，要一直保持对话式的疏离与客观。要做到这一点，每当你要解读某个作家对一个议题的观点时，必须从他自己的文章中引一段话来并列。

运用思维导图来归纳和整理全书的关键知识，是很有效的一种做法。还可以在阅读前做时间安排的思维导图，阅读期间做重点标注的思维导图，阅读完成后做归纳总结的思维导图。无论哪一种方法都是可行的。总之，在做思维导图的过程中，归纳总结书中的要点，梳理框架，可以很好地锻炼归纳总结的能力。

5. 把握一本书的要旨

读书首先要把握一本书的要旨，也就是所谓的中心内容。知道这本书主要讲的是什么，主要想要表达的思想是什么，才能看懂这本书，才能理解这本书。

那么用什么样的读书方法才能把握一本书的要旨呢？《如何阅读一本书》里把这叫做"透视一本书"，作者说：

> 每一本书的封面之下都有一套自己的骨架。作为一个分析阅读的读者，你的责任就是要找出这个骨架。

让阅读成为一种习惯

一本书出现在你面前时，肌肉包着骨头，衣服裹着肌肉，可说是盛装而来。你无法马上揭开它的外衣，或是撕去它的肌肉，才能得到在柔软表皮下的那套骨架。但是你一定要用一双X光般的透视眼来看这本书，因为那是你了解一本书，掌握其骨架的基础……知道掌握一本书的架构是绝对需要的，这能带引你发现阅读任何一本书的第二及第三个规则。……分析阅读的第二个规则是：使用一个单一的句子，或最多几句话（一小段文字）来叙述整本书的内容。这就是说你要尽量简短地说出整本书的内容是什么。说出整本书在于什么，跟说出这本书是什么类型是不同的（这在规则一已经说明过了）。"干什么"这个字眼可能会引起误解。从某一方面来说，每一本书都有一个"干什么"的主题，整本书就是针对这个主题而展开。如果你知道，就明白了这是什么样的书。但"干什么"还有另一个层面的意思，就是更口语化的意义。我们会问一个人是干什么的，他想做什么等。所以，我们也可以揣测一个作者想要干什么，想要做什么。找出一本书在干什么，也就是在发现这本书的主题或重点。对于"整体内容"这件事，光是一个模糊的认知是不够的，你必须要确切清楚地了解才行。只有一个方法能知道你是否成功了，那就是你必须能用几句话，告诉你自己或别人，这整本书在说的是什么。（如果你要说的话太多，表示你还没有将整体的内容看清楚，而只是看到了多样的内容）不要满足于"感觉上的整体"，自己却说不出口。如果一个阅读者说："我知道这本书在谈什么，但是我说不出来。"应该是连自己也骗不过的。……将书中重要篇章列举出来，说明它们如何按照顺序组成一个整体的架构。

这其实就是说的如何把握一本书的主旨。但实际上，我们在阅读一本书的时候，比这简单得多，我们可以先看前言或是内容提要，先对这本书的内容和要旨有一个全面的了解后，再来深入阅读，就会容易理解得多。

举个例子来说明，比如你正在读大仲马的《基督山伯爵》，这本书一共有117章，如果要直接来读，很容易造成思想疲劳和不想读下去的冲动。那么应该如何来读呢？重点就在于，要先了解这本书讲了什么，抓住它的要旨，再向后看，就更容易理解了。这本书主要讲述的是十九世纪一位名叫爱德蒙·唐泰斯的大副受到陷害后的悲惨遭遇以及日后以基督山伯爵身份成功复仇的故事。故事情节曲折生动，处处出人意料。急剧发展的故事情节，清晰明朗的完整结构，生动有力的语言，灵活机智的对话使其成为大仲马小说中的经典之作。具有浓郁的传奇色彩和很强的艺术魅力。这个内容介绍在前言部分就有体现，一定要认真读这些，这样才能给自己继续读书有个很好的铺垫。在稍加了解了要旨以后，再开始分章来读，一定要记得记笔记。第一章里，肯定会介绍人物的基本信息，事件的起因，将这些重点信息先提取出来，这样再看下几章的时候就会有一个大概的思绪了。

叶圣陶说："文章思有路，遵路识斯真。"这"路"即文章的思路，而"真"即文章的主旨。理清文章所写各部分内容之间的关系，把握作者的写作思路，这是理解一本书或一篇文章最为重要和最为根本的方法。

整体思路，即文章所写的各段内容之间的关系。常言所说的要整体把握，其关键就是要把握文章的整体思路。而所谓的"思路"，其实也就是"关系"。这就要求我们在阅读时，不仅要吃透文章写了什么，更

让阅读成为一种习惯

要分析为什么要这样写,从而由知其然上升到知其所以然。

理清整体思路最基本的方法是,将文章的题目作为一条基本的线索,善于发现并积极关注文章上下文内容的变化之处,由变化之处分析作者的思路。题目——包括书名和章节的题目,往往表现着作者的匠心,它或多或少或隐或显地要揭示文章的内容,也必然和所要表达的主旨存在着密切关系,而且文章一般都紧扣题目来行文。因此,抓住题目,要旨也就在其中了。

6. 从批点中获得精华

不仅我们自己读书时可以批注评点,写出我们自己的心得和感悟,并从中获取更多的教益,吸收一本书的精华,在读书的时候同样可以有意识地读一读他人的评点,这更有助于我们阅读和理解书的精髓。

有很多评点本,由于有读者的感悟和理解在其中,比原著本有更深的韵味,读来也更有意思,也能让我们领略更多的精华。所以一些名人的评点本名著历来都特别受欢迎。如脂砚斋评《红楼梦》、金圣叹评《西厢记》、金圣叹评《水浒传》、毛泽东评点《二十四史》等,都是很好的阅读珍品。因为不仅能让我们感受到原著的魅力,还能同时领略评点者的思想精髓。

如"金批《西厢》"也就是金圣叹评点的《西厢记》,就是一部经典的评点之作。金圣叹把《庄子》《离骚》《史记》《杜诗》《水浒》和《西厢》称作六大才子书,并认其为天下读书人必读之书。我们看看这位奇人是怎样说的:

第六章 善于整理，获取阅读的精华

《西厢》写事，无一笔不雅驯，无一笔不透脱。《西厢》必须扫地读之，扫地读之者，不得存一点尘埃于胸中也。《西厢》必须焚香读之，焚香读之者，致其恭敬，以期鬼神之通之也。《西厢》必须对雪读之……《西厢》必须对花读之……《西厢》必须与美人并坐读之……

金圣叹本就是清初的大才子，善衡文评书，议论发前人所之未发，独有见解。西厢记的曲白，华丽流畅，金圣叹的评语，则机智而幽默，又独具心思，可谓珠林玉树，交相映衬，所以一经刊出，即得众人喜爱，成为了最为流行的本子。

不同的人对同一本书也会有完全不同的心得体会。从他们的读书言论里，可以看出这本书到底是什么样的书，大致了解这本书的大致意思和自己感不感兴趣。书评大多是大家读一本书的评论，有独特的见解，这些见解里有很多书中的精华可以供我们参考学习。

比如在一些贴吧中，对于一本书有成千上万条书评，这些读者们来自五湖四海，但一本书把大家聚在一起，一起探讨关于对这本书的观点。很多读者都有着深厚的写作功底，也大都是热爱文学的智者，能与他们一起交流心得，也是一件十分有意义的事情。

比如读作者马里奥·普佐的《教父》，编者先这样介绍，"《教父》这部小说的不同凡响的艺术魅力就在于：尽管描写的全是坏蛋，但作者曲尽妙笔，竟然能让读者不痛恨个别坏蛋，而痛恨整个龌龊的社会结构。教父及其继承人——他的小儿子迈克尔本来都是坏透了的坏蛋，但是却并不显得令人痛恨，因为他们杀人是整个不合理的社会逼出来的，因为他们杀的也都是更坏的人，他们同那些在幕后'坐地分赃'的政客比较起来，在'坏'的程度上，可真是小巫见大巫了。"然后就有读者用自己的一句话来概括:"让朋友低估你的优点,让敌人高估你的缺点。""不要憎恨你的敌人,那会影响你的判断力。""在一秒钟内看到本质的人和花半辈子也看不清一件事本质的人,自然是不一样的命运。"

在我们读了这些评语以后,在还没有看这本书的前提下,我们就能大概想到,这本书所讲的什么内容,作者在写作的深层想要表达给读者什么样的思想和情感,这些提要有助于我们加深对这本书的理解,让我们在读书的过程中更加容易理解。

我们读完一本书以后,也可以将自己的想法和观点写下来,然后看别人的书评和自己的作对比,看看自己和别人对书的观点和看法有什么不同,不仅可以看出自己与他人的差距,促进进步,还可以交流不同的思想,使我们阅读的眼界更开阔,聚焦的内容更丰富,见识也更进一步。

从自己的评点中提高,从他人的评点中学习,这都是汲取一本书精华的方法之一。所以在阅读一本书之前,多读一读书评和批点,从中掠取到书的精华,这样读书就能更加轻松易懂了。当然最重要的是看完一本书后得有自己的书评,然后和别人的书评进行对比。这也就是从批点中获得精华。

7. 分享读书心得

有一句格言说,痛苦与人分享,痛苦就会被分担一半;而快乐与人分享,则快乐会变成双倍。阅读是一件极为快乐而有意义的事情,为什么不多与他人分享呢？

读书不仅能丰富知识，增添智慧还能陶冶情操、升华情感。用心品读每一本书，你会发现每本书都是独立的小宇宙，它有属于自己的生命和灵魂。读一本好书就像和高尚的人谈话，读一本好书也像交了一个益友。那种真纯而美好的感受，越与人分享越快乐。

> 比如豆瓣读书就是一个很好的分享读书感受的平台。里面不仅有书的简介，还有读者对书的评论，也有读者自己写下的读书心得和感受。发布到平台上，就可以与大家分享。因而也聚集了一大批爱读书的人在其中。大家在网上交流、沟通、分享，互相促进，互相讨论，共同进步，共同享受读书之乐。
>
> 除了豆瓣，还有一些书吧、读书交流平台，也有这样的功能。同时，我们还可以把读书心得发布在自己的微信公众号、微博及博客上，供大家分享，也能与大家沟通和交流。

分享自己的收获，可能会帮助到他人，同样会帮助到自己。特别是读了一些书，也有了一些自己的想法，写下来后与他人一起分享这些读书的心得或体会，共同体味一本好书的乐趣，并在互相交流中获得更多的收益，确实是一件至乐之事。

研究表明，我们的大脑从本质上是乐于分享的，当你拥有创作冲动时，如果坚持分享，你会发现很容易找到更多的创意。分享具有强烈的经济商业价值。博客、微博、百度百科、维基百科，等等，其主要驱动力和核心价值观即分享主义。不同的人在参与其间，扮演着不同的角色，每个人都有着收获。比如，写博客和微博的人，自己就对博文本身享有相关的知识产权，随着其他社会性媒体对你的转载和传播，级联效应迅速扩大你的影响。而拍砖头的人和阅读的人，在娱乐、学习、反思、评判的同时，也收获了知识、快乐或者观点。

让阅读成为一种习惯

我们总感觉,做到"阅读"很容易,要做到"分享阅读"却很难。但事实上,掌握了方法,"分享阅读"就如分享糖果一样简单,在与别人交谈时聊聊读后感;在网上分享你认为好的书;在同学、家人、朋友面前推荐书本;多去图书馆,借阅后可以与别人共同阅读……这就是"分享阅读"。"阅读"本身就是一件快乐的事情;可以从阅读中学习知识;可以从阅读中汲取力量;可以从阅读中获得快乐;可以从阅读中享受人生……同样,"分享"也是一件快乐的事情,我们可以与他人分享快乐、分享悲伤、分享经验、分享成果、分享知识……阅读的过程中每一个人都会有不同的感受和感悟,如果大家互相多多交流,分享这些感受,必然会让大家都一齐进步,更加快乐,何乐而不为呢?

 8. 向大师学习

说到读书的方法,那些会读书的大师们都各有一套。我们不妨多向他们学习。鲁迅、蔡元培、胡适、林语堂、陈从周、丰子恺、冯亦代、冯友兰、金克木、梁启超、梁实秋、钱歌川、钱穆、施蛰存、唐君毅、王力、俞平伯、郁达夫、张岱年、钟敬文、周作人、朱光潜、宗白华、张恨水、钱钟书、杨绛、陈平原……不胜枚举,他们的读书经验、读书方法、对书的认识以及读书的心得,都是值得我们学习的。

朱光潜认为:读书并不在多,最重要的是选得精,读得彻

底。与其读十部无关轻重的书，不如以读十部书的时间和精力去读一部真正值得读的书；与其十部书都只能泛览一遍，不如取一部书精读十遍。"旧书不厌百回读，熟读深思子自知"，这两句诗值得每个读书人悬为座右铭。读书原为自己受用，多读不能算是荣誉，少读也不能算是羞耻。少读如果彻底，必能养成深思熟虑的习惯，涵泳优游，以至于变化气质；多读而不求甚解，譬如驰骋十里洋场，虽珍奇满目，徒惹得心慌意乱，空手而归。世间许多人读书只为装点门面，如暴发户炫耀家私，以多为贵。这在治学方面是自欺欺人，在做人方面是趣味低劣。

国学大师钱穆（1895—1990）对中国历史尤其是对中国历代思想家及其思想源流的研究和考辨，均自成一家之言。他对儿孙的读书，要求也是十分严格。

上个世纪80年代，钱穆的孙女正在北京大学中文系读书，写信向祖父请教读书问题，钱穆的回信："《论语》外，须诵《孟子》《大学》《中庸》与《四书章句集注》为主。《庄子》外，须诵《老子》。四书与老庄外，该读《史记》，须全读不宜选读，遇不易解处，约略读过，遇能解又爱读处，则仍须反复多读，仍盼能背诵……"要求孙女背诵，作为史学大师的爷爷自然更能背诵。能够背诵《史记》，让人不敢想象。

关于读书的方法，大师们也各有经验，如胡适的"一精二博法"、徐特立的"不动笔墨不读书"、鲁迅的"跳读法"等，都各有特色，值得学习。

鲁迅的"跳读法"："若是碰到疑问而只看那个地方，那么无论到多久都不懂的，所以，跳过去，再向前进，于是连以前的地方都明白了。"这种方法是对陶渊明的"不求甚解"读书方法的进一步发挥。它的好处是可以由此节省时间，提高阅读速度，把精力放在原著的整体理解和最重要的内容上，也提高了阅读的质量。

华罗庚的"厚薄"法：华罗庚主张读书的第一步是"由薄到厚"。就是说，读书要扎扎实实，每个概念、定理都要追根求源、彻底清楚。这样一来，本来一本较薄的书，由于增加了不少内容，就变得"较厚"了，这是"由薄到厚"。这一步以后还有更为重要的一步，即在第一步的基础上能够分析归纳，抓住本质，把握整体，做到融会贯通。经过这样认真分析，就会感到真正应该记住的东西并不多，这就是"由厚到薄"这样一个过程，才能真正提高效率。

爱因斯坦的"总、分、合"三步读书法：所谓总，就是先对全书形成总体印象。在浏览前言、后记、编后等总述性东西的基础上，认真地阅读目录。概括了解全书的结构、体系、线索内容和要点等。所谓分，就是在"总"体了解基础上，逐页却不是逐字地掠读全文。在掠读中，要特别注意书中的重点、要点以及与自己需要密切相关的内容。所谓合，就是在掠读全书后，把已经获得的印象条理化、系统化，使观点与材料有机结合。经过认真思考、综合，弄清全书的内在联系，以达到总结、深化、提高的目的。

曹聚仁重读法：反反复复地读。他在《中国学术思想史随笔》里，谈到自己对几部经典著作的阅读遍数，《儒林外史》读了100多遍，都是一本正经地读，而不是作为消遣地随便翻翻；读《红楼梦》他赶不上俞平伯，但也先后读了 70 多遍；《聊斋志异》读了四五十遍，《水浒传》读了二十多遍；《三国演义》读的遍数最少，只有两三遍，原因是它没有《三国志》引人入胜。

还有很多大师读书的方法，就不一一列举，总而言之，向大师们学习读书的方法，能让我们的读书变得更加有效率，能让我们更加体会到读书的乐趣。

向大师学习，学习的不仅是读书的方法，更是对智慧人生的一种学习；向大师学习，不仅是对自我成长的帮助，更是对社会，对国家的进步的帮助；向大师学习，是站在巨人的肩膀看世界，是任何事物进步加速前进的一种快捷方法。同时我们也会明白，要成为大师绝无捷径，只有踏踏实实像大师那样读书，才有可能成为像大师那样的人物。

懂得运用,通过阅读提升能力和素养

阅读可以提高文化素养,提升自我价值,也可以提升我们的能力,但要懂得运用的方法,让阅读正确地为我们效力。

让阅读成为一种习惯

1. 学以致用，实践是检验阅读的试金石

读书的目的并非是为了读，而是为了用。学以致用才是我们努力学习的最终目标。死读书、读死书最终只会"读书死"，是不被人嘉许的，只会被人讥为"书呆子"。能学以致用、会活学活用，才最受人推崇。

战国时的赵括，虽将兵法背得滚瓜烂熟，却并无用兵实践。赵孝成王被他的这种假象所迷惑，以为他将兵法背得熟，就一定有能力带兵打仗。于是中秦反间计，起用赵括代廉颇领兵。公元前260年，长平一战，赵兵被围，赵括遭射身死，可怜所率40万士卒，俱为秦将白起坑杀。赵国从此一蹶不振，未几灭国。这就是著名的"纸上谈兵"史战例。

与他相反的一代儒将岳飞，也熟读兵书，但他认为，"水无常形，兵无常势"，用兵布阵，当因地制宜，随势而发，以制胜为最高目的，不应拘泥于兵法。"撼山易，撼岳家军难。"岳飞用兵如神，岳家军屡以少胜多，收复了大片土地。牛头山、朱仙镇大捷，智破拐子马等战例，都是他活用兵书的典范。若不是岳飞遇害风波亭，宋军还有痛饮黄龙，改写宋史的机会。难能可贵的是，当岳飞身拥重兵时，仍勤读圣贤书不辍，所行所言，必以圣贤为楷模。戎马倥偬，还运笔书写诸葛亮的《出师表》，为民族"仰天长啸，壮怀激烈"道德文章，感天动地，激励士卒，效命沙场。"文官不爱钱，武将不惜

命，天下则太平矣。"岳飞名言，流传至今，仍然让人受到鼓舞。岳飞好读书，也好将书中所学运用到实践当中，成为一代枭雄。

学以致用，读书是为了"用"，只会读，不会用，读再多的书也不过是把书换了一个盛装的地方而已，并没有什么意义。所以，读书读得好不好，有没有效果，必须要用实践来检验，也就是"知行要合一"。这是中国一直坚守的读书的优良传统。

"知行合一"是明朝思想家王阳明提出来的。所谓"知行合一"基本上就是指理论与实践要统一。也就是说，人们的认识与实践要结合在一起，才是真知，才能最终实现对真理的诉求。这实际上也是在说我们获得的认识要放回实践中考验和审查，与实践一致的认识才是切实可靠的认识。由此看来，古代时期开始，先人们就认为单靠书本中的知识是远远不够的，还必须注重实践，才能得出真知。宋代诗人陆游的那首《冬夜读书示子聿》，更是明确了这个道理："古人学问无遗力，少壮工夫老始成；纸上得来终觉浅，绝知此事要躬行。"也是对学以致用最好的阐释。

"纸上得来终觉浅"，书本上学来的知识再丰厚也是肤浅而体验不深的知识，只有真正亲身体验过、运用到实践中去之后，才是真正把知识转化成为了力量！所以，实践是检验阅读的试金石。只有学会了应用，才是真正掌握了知识，真正把书读通了。

荀子曰："知之而不行，虽敦必困"，懂得许多道理却不付诸实践，虽然知识很丰厚，也必将遇到困厄。这名句体现了荀子的"知行"观。在社会生活中，"知"很重要，无"知"就没有人类文明，但"知"并不是目的，"知"是为了"用"，"知"而不会用，不能变成行动，再丰富的知识也无用，读再多书也难有所成。

知识只有接受实践的检验，才能成为真知灼见。如果学而不会用，

让阅读成为一种习惯

那么再好的知识也是一堆废物。正所谓：学而不能行，谓之病；不闻不若闻之，闻之不若见之，见之不若知之，知之不若行之。只学不用，犹如纸上谈兵，纵然胸中有千军万马，锦囊妙计，若没有付诸实践，一切就毫无意义。所以学的目的是用，把所学的知识运用起来，做一番大事，这才是真正读书的方法。

所以我们读书，不能死读，要和我们的工作联系起来，学以致用，活学活用，常学常用，将所学的理论知识运用到工作实践中去，以用促学，用中践学，让工作得到提升，读书才是真的读出了意义。

2. 书是智慧的源泉，通过阅读提升自我

我们为什么要读书？可以找出很多理由，因为"书是智慧的源泉"，因为"书是人类进步的阶梯"，因为"知识改变命运"，因为"读书的痛苦是一时的，不读书的痛苦是一生的"，因为"读书让人变得文雅和仁爱"，因为"人之于为学也，学之，人也；不学，禽兽也"……但真正最重要的原因只有一个：提升自我。读书越多，知识越丰富，就越有内涵，越能成为一个有知识的人，一个有教养的人，一个高尚的人。

学者季羡林有一篇文章专门谈读书与做人：

古今中外赞美读书的名人和文章，多得不可胜数。张元济先生有一句简单朴素的话：天下第一好事，还是读书。"天下"而又"第一"，可见他对读书重要性的认识。

为什么读书是一件"好事"呢？

第七章 懂得运用，通过阅读提升能力和素养

也许有人认为，这问题提得幼稚而又突兀。这就等于问："为什么人要吃饭"一样，因为没有人反对吃饭，也没有人说读书不是一件好事。但是，我却认为，凡事都必须问一个"为什么"，事出都有因，不应当马马虎虎，等闲视之。现在就谈一谈我个人的认识，谈一谈读书为什么是一件好事。

凡是事情古老的，我们总说"自从盘古开天地"。我现在还要从盘古开天地以前谈起，从人类脱离了兽界进入人界开始谈。人变成了人以后，就开始积累人的智慧，这种智慧如滚雪球，越滚越大，也就是越积越多。

人类千百年以来保存智慧的手段不出两端：一是实物，比如长城等；二是书籍，以后者为主。在发明文字以前，保存智慧靠记忆；文字发明了以后，则使用书籍。把脑海里记忆的东西搬出来，搬到纸上，就形成了书籍，书籍是贮存人类代代相传的智慧的宝库。后一代的人必须读书，才能继承和发扬前人的智慧。人类之所以能够进步，永远不停地向前迈进，靠的就是能读书又能写书的本领。我常常想，人类向前发展，有如接力赛跑，第一代人跑第一棒，第二代人接过棒来，跑第二棒，以至第三棒、第四棒，永远跑下去，永无穷尽，这样智慧的传承也永无穷尽。这样的传承靠的主要就是书，书是事关人类智慧传承的大事，这样一来，读书不是"天下第一好事"又是什么呢？

"天下第一好事，就是读书"，因为读书的好处实在是太多了。书是一面镜子，能照出人们的灵魂，能让我们发现自身的不足和缺点，纠正偏激与狂傲，更能培养人的优点和长处，丰富我们的知识，滋养我们的内涵，指引一个人的人生朝着正确的方向向前，还可以给人力量、让人自省、自励自强，从而日臻完美。

大学者胡适在《为什么要读书》里说：

让阅读成为一种习惯

为什么要读书？有三点可以讲：第一，因为书是过去已经知道的知识学问和经验的一种记录，我们读书便是要接受这人类的遗产；第二，为要读书而读书，读了书便可以多读书；第三，读书可以帮助我们解决困难，应付环境，并可获得思想材料的来源。

学者周国平认为：

读书的收获有两种：一是通过读书知道了自己原来不知道而且也没有的东西，这样收获到的东西叫知识。二是通过读书知道了自己原来已经有但没有意识到的东西，这些东西是自己感悟到的，但好像一直沉睡着，现在被唤醒了，激活了，并且因此获得了生长、开花、结果的机会。我称之为智慧。

阅读最大的好处在于它让求知的人从中获知，让无知的人变得有知。一个人的生命是有限的，怎样才能让有限的生命过得充实富有、多姿多彩，怎样才能让有限的生命飘逸着淡雅的清香，闪烁出无限的光芒，怎样才能提高生命的质量，体现生命的价值呢？那就是读书。

读书可以明理，也就是获取智慧。西汉大学者刘向说："书犹药也，善读之可以医愚。"因为书中的知识，可以帮助我们释疑解惑，让我们懂得做人处世的道理。

读书可以修身。培根在《论读书》中写道，"读书使人充实""知识能塑造人的性格""精神上的各种缺陷，都可以通过求知来改善"。孟德斯鸠感叹道："喜欢读书，就等于把生活中寂寞的辰光换成巨大享受的时刻。"读书是加强修养、净化灵魂、培养高尚情操的有效手段。决定一个人能站多高、走多远的，是他思想的高度与深度。一个有思想的人，总能在平常的事物中发现深藏在其中的蕴意。然而，思想深度的提升却并不是一朝一夕可以做到的。提升思想深度与宽度，是一个长期的过程，需要不间断的思考，更重要的是要多读书。

读书可以益智。当年，北魏道武帝拓跋珪问："天下何物最益人智？"群臣对曰："其惟书乎！"书中蕴藏着益绽心灵的智慧，有为人处世的良方。比如，《论语诠解》，这是习近平总书记参观孔子研究院时，说要"仔细看看"的两本书之一，充盈着人生的哲理。如，做事要学会"务本""本立而道生"。做人要心存敬畏，人之有敬畏心，始知有行为边界，"畏天命，畏大人，畏圣人之言"，才能有所遵循，不越界。书中更有"经国济世"的才智。比如，我国古籍文献中的反腐思想，至今仍值得借鉴。

读书也是提升自己的重要方式。我们通过阅读增益智慧，通过阅读开阔眼界，增长见闻；通过阅读掌握大量的丰富的知识，从阅读中汲取各种各样的营养，活跃我们的思维，增强创造力；通过阅读促使我们的智力、情感及审美能力都得到全面的提升，使我们从一个目不识丁的人成为一个知识丰富、内涵深刻的人，使我们从一个浅薄愚昧的人成为一个见识广博、思想深刻的人；通过阅读使各种信息、文化因子在头脑里聚集、碰撞、渗透、积淀，让我们成为一个高素养、高眼界、高品位的人。这就是我们为什么要读书的关键。

3. 读书知礼仪，阅读滋养员工的书卷气

我国自古就是一个礼仪之邦，"人有礼则安，无礼则危""人之有礼，犹鱼之有水"等名言无不体现出文明礼仪在我们生活与工作中的重要作用。礼仪是人们在长期共同生活和相互交往中逐渐形成，并且以

风俗、习惯和传统等方式固定下来的，是一项最基本的道德规范，是一个人内在素质和外在形象的具体体现。

"不读书不知礼"，这是儒家教育的精髓之一。这不仅是因为中国是礼仪之邦，自古以礼为重，更因为读书确实能使人斯文有礼，满身书卷气，成为受人尊敬的人。所谓知书达理，正是如此。不读书，则不懂得谦让，不懂得平等和尊重，不懂得把握与人相处的分寸，更不懂得如何在人际交往中游刃自如。而读书则会让我们把眼光放在更高远的地方，更懂得人与人相处之道。

比如我们读《弟子规》、读《论语》，都能让我们明白很多人生的道理，更懂得为人处世的基本礼仪。如《弟子规》中说：

父母呼，应勿缓；父母命，行勿懒。父母教，须敬听；父母责，须顺承。冬则温，夏则凊；晨则省，昏则定。出必告，反必面；居有常，业无变。事虽小，勿擅为；苟擅为，子道亏。物虽小，勿私藏；苟私藏，亲心伤。亲所好，力为具；亲所恶，谨为去。身有伤，贻亲忧；德有伤，贻亲羞。亲爱我，孝何难；亲憎我，孝方贤。亲有过，谏使更；怡吾色，柔吾声。谏不入，悦复谏；号泣随，挞无怨。亲有疾，药先尝；昼夜侍，不离床。丧三年，常悲咽；居处变，酒肉绝。丧尽礼，祭尽诚；事死者，如事生。

这是对父母长辈的礼仪，是为人子弟的礼仪，引申到今天，也是职场尊上敬长的礼仪。

兄道友，弟道恭；兄弟睦，孝在中。财物轻，怨何生；言语忍，忿自泯。或饮食，或坐走；长者先，幼者后。长呼人，即代叫；人不在，己即到。称尊长，勿呼名；对尊长，勿见能。路遇长，疾趋揖；长无言，退恭立。骑下马，乘下车；过犹待，百步余。长者立，幼勿坐；长者坐，命乃坐。尊长前，声要低；低不闻，却非宜。进必趋，退必迟；问起对，视勿移。事诸父，如事父；事诸兄，如事兄。

这是兄弟相处的礼仪，更是人际交往的基本礼貌。在今天的职场中同样具有重要的指导价值。如果不仔细研读，怎么会对礼仪了解得深刻透彻，而且能学以致用，在职场上表现得礼仪周到呢？

读书越多，越懂礼貌，因为知识越丰富，素养越深厚，越懂得为人处世的谦和之理，越懂得尊重他人，爱护他人，自然处处表现出周到的礼仪来。所以多读书，就能提升一个人的素养，涵养一个人的书卷之气，温雅之气，斯文之气。无论是为了做好工作，还是加强自我修身，都应该注重读书，勤读书、读好书，多一些书卷气。

莎士比亚说："在宴席上最让人开胃的就是主人的礼节。"一个有礼节的人，才能有气度，才能让人感受到大气。

> 周总理为人谦逊大度有礼貌，还热爱学习。有一次，周恩来总理去某地视察工作，飞机着陆后，他同机组人员一一握手，表示感谢。这时机械师正蹲在地上工作，周恩来同志和其他同志握完手后就站在机械师身后耐心地等他，并示意别人不要惊动他。机械师工作结束后转过身来，才发现总理站在身后，不禁大吃一惊，忙说："对不起，总理，我不知道您在等我。"总理笑着说："没事，我没影响你的工作吧？""没有，没有"，机械师赶忙说。周总理这种尊重别人，讲礼貌的好品质深深地感动了机械师和在场的所有人。

在职场上，礼仪不仅体现着一个人的道德水平、文化修养、交际能力，而且在一定程度上反映着一个企业的文明程度、道德风尚和文化氛围。礼仪是普通人修身养性、持家立业的基础，而职场礼仪的重要性从某种意义上讲，比智慧和学识都重要。职场中讲究礼仪不仅可以帮助人们实现理想、走向成功，可以促进全体员工团结互助、敬业爱岗、诚实守信，可以增强人们的交往和竞争实力，从而推动各项工作、事业的顺利开展和发展。反之，则会诸事不顺，因为"无礼则危"。

小金是某公司的员工，某天正好去财务部窗口领工资。在等候的时候，他随手把手中捏着的一张无法报销的票据揉成团扔在了地上。其他部门的同事看见了，心里想："那个部门的人素质真差！"恰巧此时有位顾客来财务部交定金，他看到小张把纸团扔在地上，心里想："这个公司的员工如此行事，他们做的东西质量会好吗？售后服务会有保障吗？还是先别交定金了吧，回去再斟酌斟酌！"生产部经理陪着几位外商参观公司，正好路过这里，地上的纸团没有逃过大家的眼睛，结果外商指着拿纸团问老板："这样的员工，能做出符合质量要求的产品吗？"本来不费吹灰之力便能扔到垃圾桶里的一小团废纸，导致公司失去了数百万元的订单。

人有礼仪规范，人际关系就会和谐；没有礼仪规范，就会产生危害。在生活或工作中，若不想遭人嫉妒乃至怨恨，最好的行为便是"凡事以礼为先"。也许你不经意的一种行为，随地吐痰、乱扔纸屑、出言不逊、耀武扬威……等不礼貌的言行举止都会招致别人的反感和厌恶。而多读书、读好书，从书中涵养出高雅的气质和温润的品质，必然知礼懂仪、谦敬有度。

"最是书香能致远"，浓浓的油墨书香最能涵养出高雅的气质，知礼懂仪。读书更多一些，更深一步，更透一些，更自觉更主动，让自己的境界上升到一个新的高度，灵魂变得高尚，境界变得高远，眼界变得宽阔，就不会为名所动，为利所诱，为屑小小事计较，就会大度宽厚，宠辱不惊，淡定从容。对人自然也就会谦和亲切，礼仪周到，成为最受欢迎的人。

4. 爱读书会说话，机智幽默的口才源于阅读

读书，不仅可以"医愚"，更可以"医讷"，一般爱读书之人都口齿伶俐、机智风趣。而木讷无趣之人，多读书也可以变得机灵睿智、幽默有趣。正如古人所说"读得唐诗三百首，不会吟诗也会吟"，多读多背多记，书中那些精彩奇妙、诙谐幽默的句子积存在脑海中，积存得多了，平常说话时就会自然而然地蹦出来，让你出口成章、妙语如珠，诙谐幽默，机智风趣，成为一个善于言谈之人。所以那些饱读诗书之人，大多也是风趣幽默之人。

苏东坡就是一个幽默风趣、极有口才之人。有一天苏轼去拜访好朋友佛印和尚，刚进门坐定，一股鱼肉的香味和淡淡的酒香便冲鼻而来。苏轼四下里望了望，没有发现什么痕迹，房内除了一只大磬外，别无可以藏鱼藏酒之处，心中便知是佛印和尚在烧鱼吃，怕自己知道笑话，藏起来了。

佛印看见苏东坡进屋后东张西望，猫找耗子似的神情，明知他已发现了秘密，却故意装作没看见，不露声色地等待着。苏东坡见佛印没有什么反应，便说："今天请你对对联……"佛印不知是计，便说："请先出句！"苏东坡便说："向阳门第春常在。"

佛印一听这是一副人们常用的对联，人人皆知，便不加思

索地顺口对道："积善人家庆有余。"

苏轼见佛印呆然中计，大笑道："哈哈！既然罄（庆）里有鱼（余），为何还不拿出来让我尝尝？"

佛印这才发觉上了当，也就不掩不藏了，大方地从罄下拿出鱼来，二人大吃起来。

幽默才子苏东坡

苏东坡学识傲天下，却心胸旷达，淡定潇洒，辩才如龙，却将人生的睿智托付于幽默的心性，笑对人生磨难，从而使得他的幽默达到一种新的境界。作诗也常有"戏作"，许多本来平常并无可笑之处的题材，一经他的点染生发，便妙趣横生。如他发明的"东坡肉"："净洗铛，少著水，柴头罨烟焰不起。待他自熟莫催他，火候足时他自美。黄州好猪肉，价钱如泥土。贵人不肯吃，贫人不解煮。早晨起来打两碗，饱得自家君莫管。"足见他的幽默天性和旷世奇才。

近代国学大师林语堂也是一个风趣幽默之人，以好口才著称，被人们称为"幽默大师"。

林语堂的幽默，并不是单纯的搞笑，他的幽默，折射出他的机敏与睿智，同他深厚的文学修养和深刻的思想凝结而成的哲理密切相关。

一次林语堂应邀参加一所学校的毕业典礼，在他前面有不少人做演讲，都讲得冗长乏味。轮到他演讲时，时间已经过了正午，学生们已经开始不耐烦了。林语堂走上讲台，开口就说："绅士的演讲，应当像女孩子穿的裙子一样，愈短愈好。"此言一出，全场哄堂大笑，听众们精神为之一振。林语堂的这句幽默语，对那些"懒婆娘的裹脚布"似的演讲，提出了中肯的批评，紧紧抓住了听众的心理。这句话就成为演讲界知名度极高的名言，广为流传，至今不衰。

语言可以征服世界上最复杂的东西——人类的心灵。通常情况下，人与人之间的矛盾，不是心意不同，而是言不达意。在当今飞速发展的时代，全球成为一个地球村，人际交往更多了些复杂性，对口才的要求也更高。口才好的人、幽默风趣的人往往更受大家的欢迎和尊重，能更好地调整周围的人际关系。所以，职场员工也要多读书，从书中学习那些精妙的语言，练习高妙的口才，成为最受欢迎的人。

俗话说："好人出在嘴上，好马出在腿上"，一个人有才华没才华，有内涵没内涵，从他一说话就能看出来，因而好口才不论是古代还是现代职场都是重要的。在我们身边，经常可以见到有的人能言善辩，口若悬河，令人羡慕，使人崇拜；但也有许多人则暗自慨叹自己笨嘴拙腮，迟言讷语，只能眼巴巴地看着别人春风得意……这其中的区别，就是读书多少和领悟高下的差别。

书籍就是一座语言的藏宝库，一个人是否会说话，是否有口才，都取决于他是否有很深的文化底蕴，他读书的多少。在阅读的活动中，我们能够领略多种多样的语言技巧，从而让我们更好地驾驭语言，提升自己的语言魅力，增长自己的口才。如果我们在日常生活中，远离阅读，不能积极地开展阅读，那么我们就很难领略到语言的魅力，也就难以成就自己良好的语言能力，使自己成为一个语言高手。所以想要有幽默机智的思想和谈吐，就一定要多读书，读好书，让读书来提升自我，提高口才，让自己变得机智又幽默，成为职场的佼佼者。

让阅读成为一种习惯

5. 从阅读中领会做人处世的道理

学以致用,用在哪里?用在日常的生活和工作中。古人常说"书中自有黄金屋、书中自有千钟粟、书中自有颜如玉",其实书中绝不仅仅只有这些,书中其实什么都有。学会阅读,就会从书中汲取无限的营养,懂得更多为人处世的道理,成为更加完美的个体。所以从古至今,都重读书,特别是读那些典籍。

荀子对读书的看法是"始于诵经,终于成礼",所以古代教育特别重视"读经"教育。

儒家"十三经"及其注疏等相关著作。自汉武帝"罢黜百家,独尊儒术",儒家思想成为官方意识形态,儒家经典的重要性对于古代士人不言而喻,"经"成为重中之重。古代的教育就是把这些经书反反复复地读,"书读百遍,其义自现",书中的义理也就在一遍又一遍的阅读中体会出来了。

孔子亲自校注的《孝经》,在唐代被尊为经书,南宋以后被列为《十三经》之一。孔子曾说:我的主张反映在《春秋》,我的为人体现在《孝经》。在传统蒙学读物中,《孝经》是"孔子明帝王治天下之大经大法,以垂万世",给予了极高的评价。因为《孝经》中虽然讲的是孝,但学习的人从中不仅学会孝,更学会了人伦纲常的行为规范,人际相处的基本原则,更是历代皇帝教化社会、维护纲常的重要工具。今天我们读《孝经》,依然可以感受到其中深蕴的为人处世的道理,所谓"孝悌之至,通于神明,光于四海,无所不通"。

再如读孔子的《论语》,我们学会的不仅仅是为学治学和孝敬父母的道理,还有为人处世、仁爱存善、尊老爱幼等多种内涵。孔子提出的"仁"的学说,把心存仁爱、善良宽厚作为做人的准则之一,可以指导更多的人找到立身处世的基点。我们可以学到仁爱,学到以德服人,学到拥有一颗慈善的心来对待他人,让我们变得善良,怀有一颗仁爱之心。

经典书籍对我们有开悟作用,能启发我们立身处世、为人做事。

比如《红楼梦》,大观园中来来去去的各人物,荣国府中兴亡更替中的悲欢离合,热闹和喧嚣,繁华和冷清,都是处世的学问。老话说:"人情练达即文章,世事洞明皆学问",《红楼梦》就是一部人情练达世事洞明之后的大学问,我们认真阅读,会从中领略无尽的处世智慧。

再如《水浒传》,表面看就是一个简单的"绿林起义"的故事,但是其实不然,字里行间另有乾坤。仔细分析其中每一个人物,不难发现其中很多人物都是另有故事,特别是一些小人物,表面上是绿林道其实深有背景。人生的起伏,时势的无奈,尽在其中。

《西游记》,一部仙魔小说,看似荒诞不经,但其中对妖、对人、对神的不同态度,以及人、妖、神的不同境遇,也会给我们的生活带来不同的启发。

就是今天的小说,描述的是人间百态,表达的其实就是为人之道。从书中的人物的对错会想到自己的对错,从他们的遭遇可以联想自己的境况,从他们的行为可以校正自己的行为……多读书,书中那些看似平平常常、普通平凡的人,都有我们的影子,从他身上,我们同样可以学习为人处世的方法和技巧。

甚至哪怕读到一些只言片语，也会给我们带来极大的启发。如在读书时看到"蹉跎莫遗韶光老，人生惟有读书好"这类的句子，就会警示自己珍惜时间；读到"人生自古谁无死，留取丹心照汗青"的诗句，不由自主就多了一些英雄豪气；读到冯玉祥将军给张学良的赠语——"要小心，要谨慎，学吃亏，学让人，遇事能忍，生活俭勤；不自夸，不骗人，诚诚实实、厚厚纯纯乃是根本"，无异于是给自己的当头棒喝……

书籍是智慧的源泉，读得多了，我们就会自觉修正自己的内心，检点自己的行为，不居高临下，不恃才傲物，不谄不媚，不卑不亢，从容淡定，大气磅礴，成为正直端方的人；悟得多了，我们就会自觉学会平等待人，尊重他人，宽厚对人，学会善良大度，也学会八面玲珑，四方圆润。不论是在学校、在社会、在职场还是在官场，都会进退自如，游刃有余。

6. 多读才会写，阅读是提升写作力的重要途径

古人说，"读书破万卷，下笔如有神""熟读唐诗三百首，不会作诗也会吟""劳于读书，逸于作文"，说的就是阅读和写作的关系。当你"读书破万卷"之后，就能"下笔如有神"，可见阅读量是写作能力的最重要的前提和基础。正所谓"见多才能识广"，只有在心中积累了丰富的素材，孕育了充沛的情感才有可能在纸上妙笔生花。所以要提高写作能力，非多读书不可。反之，多读书爱读书，写作能力自然也就会

得到提高。这是前人的经验,也是实践的真知。

据说,清朝著名的画家、书法家、诗人郑板桥读书极有毅力,很有耐心。他读书是走路读,躺在床上读,骑在马上读,在厕所里也读,简直达到了一种痴迷的状态。他每看一本书,总是要看两三遍、五六遍,甚至几十遍、上百遍,直到融会贯通、烂熟于心才肯罢休。他不但爱看书,而且勤于思考,当他思考问题的时候,别人和他说话,他总是前言不搭后语,"嗯嗯啊啊"地好像傻子一样。正是这般多读多思,才使他在诗、书、画等各方面都有很高的造诣。

"阅读是写作的基础",没有大量的阅读作基础,要写出好文章是难以想象的。写作和阅读不可分割,阅读是写作的前提和基础。多读胸中有本,阅读使你满腹诗书,出口成章;使你洞察历史,志存高远;使你心灵纯净,感情丰富;使你聪明智慧,善思善辩;使你文思如泉,笔下生彩……许多大师的经验都是两个字:多读!

朱自清说:"写作的训练,还是要从阅读说起。虽然文章不等于生活,是'流'不是'源',但同样可以影响写作。"

叶圣陶曾说:"阅读是吸收,写作是倾吐,倾吐能否合于法度,显然与吸收有密切的联系。"也就是说,阅读和写作能力有着紧密的联系,要想成就良好的文字表达能力,就要积极地开展阅读,在阅读活动中不断地汲取营养。

鲁迅也曾说:"文章应该怎样做,我说不出来,因为自己的作文,是由于多看和练习,此外并无心得或方法的。"

赵树理说过:"写起文章来要像走路一样地顺当,我认为这和我小时候坐在板凳上哇喇哇喇地读书有关系。譬如,小时候老师教我们读《庄子》,我们就学到庄子的句法;读韩愈的

让阅读成为一种习惯

文章,又学到了韩愈的笔法。各种风格的文章都学,久而久之,我们学会了读别人的文章,说自己的话。"

多读非常重要,多读是提高写作能力的基础和前提。多读书,读好书。知识面宽广了,积累丰富了,在写作的时候就会才思敏捷,信手拈来,下笔如有神,洋洋万言,倚马可待。书既是我们的良师,亦是我们的益友,更是写作的基础。

多读还要多写,多写笔下生花。读得多才能写得好,读是写的基础,写是读的运用。任何技能技巧,都需要反复历练,像游泳、开车、踢球、唱戏等,如果训练达不到一定强度或熟练程度,就很难奏效。写作也是一种技能,当然不能例外;同时,写作更是一种创新,必须在反复的实践中体味、揣摩才能"悟"出其中的规律。要大胆放手写,笔越写越顺,文越写越好,写得多了,自然就文采斐然,出语惊人。

阅读是写作的基础

中唐著名诗人李贺文采过人。他能在诗歌创作上取得特殊的成就,主要靠的是多写——勤奋不懈。相传他为了搜集创作素材,经常背着一个锦囊,骑着驴子外出游历,每当触景生情,想到好的诗句便立即写在纸上,放入锦囊。天黑归来,囊中总是满满的。一年之中,除了个别日子不能出门外,他总是坚持这样做。他曾这样吟道:"长歌破衣襟,短歌断白发。"足见其多写而又呕心沥血。

可见提高写作能力并无捷径,唯有多读多写。

实际上,不论在古代还是在今天,写作能力都是一项十分重要的能力。就比如在今天的职场,写作能力也是做好工作的必备素质。即便是在最普通的岗位上，应聘时面试官也会问到"文笔如何"，因为这是基本的工作能力之一。工作中需要写作能力的地方太多了，要经常写材料，与上级沟通要写请示、报告，有重要的事情要写通知，还要定期写工作总结、汇报等。网络时代同样需要写作能力，输入文本信息、再现录音、处理及时信息、写博客和评论，即时通信也要通过文字与别人进行交流。我们在集体照上做注解，在图片上添加标签……写信、建议、演示文稿、生意合同要求、备忘录、演讲稿、任务声明、意见书、操作步骤、操作指南、工作手册、包装复本、新闻稿及一大堆更加专业的文件……这都需要一定的写作能力，不然就不能很好地完成工作。那些写作能力很强的人往往在事业上发展得更加顺利。

所以不论什么专业，从事什么工作，都应当从现在起，从阅读开始，养成阅读的习惯，打好写作的基础，多读多学多练习，提升自己的写作能力，为事业的蓬勃发展做好重要的准备。

7. 把学到的专业技能运用到工作中去

西班牙著名的智者巴尔塔沙在其《智慧书》中告诫人们："在生活和工作中要不断完善自己，使自己变得不可替代。让别人离了你就无法正常运转，这样你的地位就会大大提高。"如今各个行业都被竞争对手挤满了，就像在一个赛场上所有的跑道都被参赛的选手挤满了。如何在这个人满为患、竞争激烈的跑道当中做到脱颖而出、一枝独秀呢？那就是要有独特的专业技能，使自己变得不可替代。

专业技能的修炼并非一朝一夕之功，需要坚守匠心，久久为功。所以培养阅读的习惯、从阅读中学习和提升自己的专业技能就更为重要。

让阅读成为一种习惯

那些在自己平凡的岗位上做出伟大事业的员工,就是不断学习、把自己沉入书中、不断提升专业技能并将其应用在工作中的典范,他们也是我们学习的榜样。

河南省平顶山天鹰集团工人张全民勤奋好学,刻苦钻研,大胆进行技术革新,练就了一套高超的车工技术。他经常看的书是《机械制造与应用》《金属材料学》《车工工艺》《电工学》《基础英语》。工作以外,他的时间大多用在研究技术上,工资的大部分也都用在买书上。除了本专业的理论,与车工有关联的理论知识,他都尽自己所能去掌握。2003年10月,全国职工职业技能车工大赛上,张全民荣获第二名,其中理论考试表现出了明显的优势。

他善于把学到的知识应用到实际工作中去。在工作中遇到问题时,他总要在书本上找答案,书本上没有现成的,他就自己研究加工方法。同一零部件,他经常尝试用不同的方法加工,寻找既能保证质量又能提高效率的捷径。他不但能操作普通车床,还能操作济南数车、沈阳数车、台湾数车、美国车削中心等5种国内外先进的数控车床,成为一位名副其实的"多面手",练出了很多"绝活",成为企业的"金牌员工"。

中铁十三局员工罗发兵也是这样一位技能高手,他驾驶的机械20多年没有发生一次事故,这在中铁十三局是很少见的。他虽然文化程度不高,平时默默无语,但肯于钻研,善于研究。他自学了《机械工人识图》《内燃机原理》等20多本专业书籍,做了40多本读书笔记。他在机械维修上提出了10多条合理化建议,仅在中铁十三局就创造出100多万元的经济效益。他善于把机械旧的配件变废为宝,自己加工和改进机械配件,多年来节省开支7万多元。

蒲松龄说："书痴者文必工，艺痴者技必良"，醉心于书，痴迷于技，何愁技之不良？

通过读书自学专业技能，然后运用于工作中去，在普通的岗位上也一样大有可为，大有作为。

在企业里，一些员工常常安于现状，缺乏求知的欲望和探索的精神。若长此以往，不仅员工难以提升自身素质，而且整个企业也很难再上台阶，因为一个缺乏思想的企业不可能有太大的突破。上进的员工一定要有读书自学的积极性和自觉性，多读书、读好书、爱读书，提高文化素质，提升专业技能，实现自己的价值，也成为企业里最优秀的员工。

第八章

持之以恒,让阅读成为一种习惯

把一件事做成功并不难,难的是坚持,一个人最大的本事,就是持之以恒地做一件事。阅读也是如此,坚持下来,养成阅读的习惯,一生沉迷书香,必然把我们带进更美好、更阔大、更雅致的世界。

让阅读成为一种习惯

1. 阅读，是一辈子的事

真正的阅读并非一时的心血来潮，也不是时断时续的偶发性行为，而是持续不断、久久坚持，一辈子都不间歇的事情。这不仅仅因为阅读的效果不是立竿见影的，非一朝一夕能够成就，更因为一旦养成了读书的习惯，就很难改变，很难放弃，很难不再沉迷。书是有着无尽的魔力的，一旦沉入书中，闻惯了书香，就会成痴、成瘾、成魔，再也放不下，一读就是一辈子。

著名语言文字学家周有光年过百岁后，仍坚持每天伏案学习，笔耕不辍。有记者问他："您都一百多岁了，又有那么多成果，为何还那么辛苦呢？"他坦然一笑："辛苦吗？我没觉得，一辈子的习惯，想改也难。"

一辈子的习惯，想改也改不掉。这就是读书的神奇之处。除了是因为习惯改不掉之外，还有是因为读书是一件很享受的事情，读书之乐任何其他的事情都不能代替，故而一读就愿意读一辈子。

人的生命是有限的，而知识的海洋却是无边无际的。先秦时代的大哲学家庄子就曾感叹："吾生也有涯，而知也无涯。"古希腊哲学家苏格拉底也有着相同的感慨："越是学习，越是发现自己的无知。"生命有涯，知识无涯，越读书越觉得自己懂得太少，越想要懂得更多一些，因而也更愿意读书。手不释卷，读书不辍，一辈子也没改变。所以，"活到老学到老""读书一辈子"才成为伟人和大师不约而同的共同选择。

"活到老,学到老",这是毛泽东常说的一句话,也是他一生读书学习的真实写照。他一生手不释卷,不论在任何时候,他都不会忘记读书。长征途中,躺在担架上看《列宁与革命》;新中国成立以后,他睡觉的大床都是特制的,靠里面有一半做成了书架,摆放着满满当当的他最爱读的书,以便于他随时取来就读。在生命的最后一段时间,他依然让工作人员读书给他听。阅读已经成为他生命的一部分。

他常说:饭可以一日不吃,觉可以一日不睡,书不可以一日不读;读书治学,一是要珍惜时间,二是要勤奋刻苦,除此以外,没有什么窍门和捷径。因此,无论是在戎马倥偬的战争年代,还是新中国成立后的建设时期,为了求知,为

读书是一辈子的事

了解决中国革命和建设的实际问题,毛泽东孜孜不倦地从大量的书籍中汲取营养。他总是挤时间读书,有时白天实在忙不过来,就减少夜晚的睡眠时间来读书。据他身边的工作人员回忆,毛泽东每天的睡眠时间很少,有时读书就像工作一样,常常是通宵达旦。每次外出,毛泽东也总要带些书,或者向当地人借些书来读。

阅读是一辈子的事,不分年龄大小,也不分学识高低,坚持下去,养成阅读的习惯,阅读就会让我们受益一辈子。

读书是一辈子的事,是从生到死都要坚持的事。民国初年的教育大家张元济、蔡元培等所编《共和国教科书新国文》(第三册)的内容,第一课的题目就是《读书》,向那时的学童教诲的就是"人不读书,不

能成人"的道理。作家王蒙说:"读书是一辈子的事情,我建议大家读一些自己看起来有难度甚至是有点读不懂的书,只有这样才能提高自己,而且对书的理解会随着岁月而加深,我20岁的时候读《老子》就读不懂,但到了70岁,我就明白了《老子》里的很多东西,理解书的过程也是生活的过程,我们要在读书与生活之间保持一种智慧。"不同的年龄读不同的书,有不同的感悟,但不论怎样,读书的习惯不变,求知的态度不变,阅读的乐趣不变,就这样一直读下去,没有止境,读一辈子。

2. 给自己准备一个专属的书架

要培养阅读的习惯,就要常常与书相伴,就要多创设读书的环境和氛围,让自己随时随地能够拿起一本书,无疑对养成读书的习惯有好处。特别是给自己专门准备一个专属的书架,把自己喜欢的书爱读的书放在前面,把自己的藏书放在上面,随阅随取,方便寻找也方便阅读,无疑是提高阅读兴趣的一个方法。

要使阅读成为我们的一种生活习惯的话,书架是必需品。因为有了书架,即便没有多少书,也会想办法使自己的书架上有几本自己爱读的书,并且能方便自己的阅读。但很多刚刚置书架的员工却对自己究竟该买一些什么样的书充实自己的书架感到苦恼,其实这中间确实有一些诀窍。

(1) 自己喜欢的书

所谓"萝卜青菜,各有所爱",每个人的爱好不一样,爱看的书自然也不一样。既然是自己的书,肯定是自己喜欢的书为主。喜欢什么都可以，不要在意品位或是格调。不管是《读者》还是《读书》，《知音》还是《诗经》，又或是古典经书还是漫画，只要自己喜欢，就不妨堂而皇之地把它们放到架上，认真来读。培养阅读的习惯，就得从自己的兴趣出发，从看自己喜欢的书开始。

比如爱读历史，那就不妨多放上一些历史书籍，各种正史、野史，编年体的、章回体的，白话文的、文言文的，繁体的，竖着印的，甚至还有那种从右往左印……都可以。像《易中天品三国》《历史是个什么玩意儿》《明朝那些事儿》《全球通史》，甚至包括《三国演义》《隋唐演义》一类的小说，也可以当作历史小说来读。

（2）提升素质的书

顾名思义就是对自己有益的书，这是一个十分宽泛的概念。广义来说，各种对自己专业素质、文化素质、思想素质及其他各种素质提升有益的书籍，都是可以放到架上的。如各种各样的字典、辞典、百科全书、专业书籍，历史、政治、地理、文学、旅游、美容、服装以及四大名著、名人传记、十三经或是《钳工技术》《司机的修养》，都是可以的。

（3）有益工作的书

大部分是专业书，可以根据自己工作需要选择各类有益于工作的书籍。也可以放一些自己喜欢的小说、传记、历史、政治、经济等类型的书籍。

当然，也并不是整个书架都只有这些书，也可以各种书都买一些，然后分层放置。按不同类型的书分类来放，比如一层放名著类，二层放杂志类，三层放工具书，或者其他方式的分类。但是不管如何整理书架，你都要明白书架对你的重要性。下面推荐一些必读书目，可以参考选购。

（1）胡适1923年为清华学生推荐的"实在的最低限度的

让阅读成为一种习惯

书目"

《书目答问》《九种纪事本末》《老子》《墨子闲诂》《元曲选一百种》《缀白裘》《西游记》《淮南鸿烈集解》《中国人名大辞典》《中国哲学史大纲》《四书韩非子》《周礼》《佛遗教经》《阿弥陀经》《宋元学案》《王临川集》《王文成公全书》《章实斋年谱》《新学伪经考》《诗集传》《左传》《乐府诗集》《宋诗钞》《论衡》《法华经》《坛经》《明儒学案》《朱子年谱》《清代学术概论》《崔东壁遗书》《文选》《全唐诗》《宋六十家词》《宋元戏曲考》《水浒传》《儒林外史》《红楼梦》《荀子集注》

（2）梁启超1923年为清华学生推荐的"最低限度之必读书目"

《四书》《尚书》《礼记》《老子》《易经》《诗经》《庄子》《韩非子》《史记》《后汉书》《荀子》《战国策》《左传》《墨子》《汉书》《三国志》《资治通鉴》《宋元明史纪事本末》《楚辞》《李太白全集》《韩昌黎集》《白香山集》《文选》《杜工部集》《柳河东集》

（3）顾颉刚1925年推荐的"有志研究中国史的青年可备闲览书"

《山海经》《世说新语》《大唐西域记》《宋元戏曲史》《马可·波罗游记》《徐霞客游记》《西秦旅行记》《梁武石室画像》《洛阳伽蓝记》《唐人说荟》《蒙古秘史》《陶庵梦忆》《桃花扇》《南洋旅行记》

（4）朱自清推荐的经典常谈书目

《说文解字》《周易》《尚书》《诗经》《三才乙》《春秋三传（国语附）》《四书》《战国策》《史记汉书》《诸子》《辞赋》《辞赋》《诗》《文》

(5) 1997年清华大学学生应读书目

《论语》《墨子》《孙子兵法》《孟子》《老子》《庄子》《荀子》《易传系辞》《史记选》《论衡》《不真空论》《物不迁论》《神灭论》《坛经》《张载集》《四书集注》《传习录》《明夷待访录》《读通鉴论》《严复集》《仁学》《孙中山选集》《诗经选》《楚辞选》《魏晋南北朝诗卷》《汉魏六朝诗选》《唐诗三百首》《宋诗选注》《宋诗三百首》《唐宋词选释》《唐宋词选》《古文观止》《三国演义》《水浒传》《红楼梦》《鲁迅选集》《女神》《子夜》《家》《骆驼祥子》《围城》《曹禺选集》《青春之歌》《红岩》《艾青诗选》

《理想国》柏拉图著；《形而上学》亚里士多德著；《忏悔录》圣·奥古斯丁著；《思想录》帕斯卡著；《新工具》培根著；《论法的精神》孟德斯鸠著；《社会契约论》卢梭著；《伦理学》斯宾诺莎著；《西方哲学史》罗素著；《科学史》丹皮尔著；《哲学史讲演录·导言》黑格尔著；《西方的没落》奥斯瓦尔德·斯宾格勒著；《悲剧的诞生》弗里德里希·尼采著；《精神分析引论》西格蒙德·弗洛伊德著；《文化科学与自然科学》凯尔特著；《人论》卡西尔著；《新教伦理与资本主义精神》马克斯·韦伯著；《中国科学思想史》李约瑟著；《资本主义的文化矛盾》丹尼尔·贝尔著；《从混沌到有序》普里戈金著；《伊利亚特》荷马著；《奥德修记》荷马著；《神曲》但丁著；《堂吉诃德》塞万提斯著；《哈姆雷特》莎士比亚著；《浮士德》歌德著；《简·爱》夏洛蒂·勃朗特著；《红与黑》司汤达著；《悲惨世界》雨果著；《高老头》巴尔扎克著；《汤姆大伯的小屋》斯托夫人著；《安娜·卡列尼娜》托尔斯泰著；《玩偶之家》易卜生著；《母亲》高尔基著；《卡夫卡短篇小说选》卡夫卡著；《泰戈尔诗选》泰戈尔著；《钢铁

是怎样炼成的》尼古拉·奥斯特洛斯基著;《雪国》川端康成著;《老人与海》海明威著;《百年孤独》加西亚·马尔克斯著。

当然,值得看的书绝不止于这一些。随着阅读的丰富和品位的提升,我们的书架就会越来越丰富。拥有这样满架的书,闻着沁人的书香,在冬日周末的午后,阳光从窗外斜射而入,慵懒地坐在书桌旁,一本书,一杯茶,岂不悠哉?

 3. 建立阅读的规矩,培养良好的读书习惯

培养阅读的习惯,建立符合自己阅读环境的规矩是非常必要的。《家诫要言》中说"立身作家读书,俱要有绳墨规矩,循之则终身无悔无尤",这也是因为"无规矩不成方圆",做什么事都是一样的道理,培养读书习惯也不例外。试想,没有一个规矩,随心所欲地读书,固然更轻松快乐,但同时也少了自律,少了惯例,如何能培养起习惯来?"今天太忙了,不读算了""今天太累了,明天再读吧""今天太兴奋了,没有想到要读书""这一段时间心情抑郁,什么都不想干,当然也不想读书了……"朋友来访,高兴异常,算了,喝酒去;女友来了,不陪哪行,走吧逛街去……这样子还读什么书?又怎么可能培养起读书的习惯?

所以,规矩不可少。《弟子规》中就说:读书要"房室清,墙壁净;几案洁,笔砚正。墨磨偏,心不端;字不敬,心先病。列典籍,有定处;读看毕,还原处。虽有急,卷束齐;有缺坏,就补之。非圣书,

屏勿视；蔽聪明，坏心志；勿自暴，勿自弃；圣与贤，可驯致。"这也是规矩。

前人读书有恒之人，习惯良好之人，也都是从规矩中得来的。

如曾国藩，一生勤奋好学，以"勤""恒"两字激励自己，教育子侄。谓"百种弊病皆从懒生，懒则事事松弛"，一生也是这样做的，他抓住一切读书的机会，死前一日犹手不释卷。在道光二十二年（1842年）冬他给自己立下十二条读书的规矩：

（1）主敬：整齐严肃，清明在躬，如日之升。

（2）静坐：每日不拘何时，静坐四刻，正位凝命，如鼎之镇。

（3）早起：黎明即起，醒后不沾恋。

（4）读书不二：一书未完，不看他书。

（5）读史：念二十三史，每日圈点十页，虽有事不间断。

（6）谨言：刻刻留心，第一工夫。

（7）养气：气藏丹田，无不可对人言之事。

（8）保身：节劳，节欲，节饮食。

（9）日知其所无：每日读书，记录心得语。

（10）月无忘其所能：每月作诗文数首，以验积理的多寡，养气之盛否。

（11）作字：饭后写字半时。

（12）夜不出门。

曾国藩的这十二条读书规矩，前三条是为读书做准备的。第四、五、九、十、十一条是读书的方法；而第六、七、八、十二条看起来似乎与读书关系不大，实质上是要求自己集中精力读好书，因而这看似关系不大的规矩，却是保证读书质量的重要手段。

也正是得益于这看似简略的十二条读书规矩，曾国藩养成了定时读书、写日记的好习惯，数十年如一日，从未间断。不管工作多忙碌，时势多艰难，从来没有一天停下过。在江西与太平军作战之时，军务再繁忙，他也按规矩在申、酉、戌、亥四个时辰温旧书，读新书，并写好应允别人或是别人索要的诗文、书法，同时写日记。任两江总督时，正是战事最艰难之时，也从来没有一天不读书的，更没有不写日记的。这就是规矩的作用。

所以读书要有恒，要养成习惯，制定规矩是必要的。这个规矩不用太复杂，也不必像别人一样，根据自己的条件来定，以培养好的习惯为目的，就很好。

如有人喜欢清晨读书，那么就定规矩清晨几点起床几点读书读多久，并坚持执行，习惯就会养成；如有人爱床上读书，那就规定自己几点必上床，上床读多久，并将要读的书放在枕边，天天按规矩来读，也会养成好习惯。下面这些"规矩"供大家参考：

（1）定时。制定每天读书计划，定时读书。定一个时间或几个时间都行。这是雷打不动的读书时间，无论每天发生什么事情都不会受到影响。这是一个良好的开端，它有助于养成良好的每日读书习惯。

（2）随身携带书籍。不论到哪里，都带上本书。

（3）看一本书就一定要看完。不是说要一天读完，但一定要坚持读完好再读第二本。

（4）限定自己每次读书不少于30分钟，最少30页，读书时要静心、专心。

（5）读书一定要写读书笔记，字数不限，但一定与所读的书有关。

(6) 提前一个月列出读书计划,并准备好要读的书。

(7) 减少看电视上网玩手机时间,挤一点时间在读书上。

(8) 建立读书博客。形成阅读习惯的最好方法之一是建立博客。如果没有,就建立一个。它是免费的,让你的家人、朋友去浏览你的博客,给你提出阅读建议,发表评论,或许会让你对自己的阅读目标负责。

当然还可以根据自己的情况制定更细致、具体而高效的"规矩",让自己养成读书的习惯。只要少看电视,少上网,放下手机,拿起书本,每天坚持一点点,就能养成良好的读书习惯。培养读书习惯的过程可能会很艰难,只要你努力认真地做下去,一定会养成。

4. 随身携带一本自己喜欢的书

读书习惯的养成在每时每刻。培养这样的习惯,就要把书放在任何触手可及的地方。随时随地随身带一本自己喜欢的书,无疑是培养阅读习惯的好方法之一。这本书一定是自己喜欢的,而且能百看不厌的书,翻开任何一页,都能让你找到阅读的感觉。

随身携带一本自己喜欢的书,在我们累觉不爱的时候及时"充电"。随身携带一本自己喜欢的书,在闲暇之余找点归宿。我们离不开一本自己喜欢的书。带着它,无聊的时候看一看,不浪费时光。困惑的时候看一看,找回最初的自己。一本自己喜欢的书,既是良师也是益友。虽然你已经对它的情节道理清清楚楚明明白白,在不同的时间,不同的地点,不同的情景,也会有不同的体会。

让阅读成为一种习惯

英国女作家尤安·艾肯（1924～2004）曾经有一篇文章叫《走遍天下书为侣》，精彩地阐述了带一本书走天下的乐趣：

如果你独自驾舟绕世界旅行，如果你只能带一件东西供自己娱乐，你选择哪一样？一块大蛋糕，一幅美丽的图画，一本书，一盒扑克牌，一只画箱，织毛衣的扦子和毛线，一个八音盒或一只口琴……我相信我会选择书。

一本书！我听到有人感叹了：如果你坐船周游世界，这一趟下来，你可以把它读上一百遍了，最终你能背诵下来。对此，我的回答是：是的，我愿意读上一百遍，我愿意读到能背诵的程度。那没什么关系。你不

会因为以前见过你的朋友和父母兄妹就不愿再见到他们吧？你不会因为熟悉家中的一切就弃家而去吧？你喜爱书就像一个朋友，就像你的家。你早已见过朋友一百次了，可第一百零一次再见时你还会说："真想不到你懂这个！"你每天都回家，可不管过了多少年，你还会说："我怎么没注意过，那灯光照着那个角落，光线怎么那么美。"

你总可以从一本书中发现新东西，不管你看过多少遍。

你会读书，而任何动物都不会，不管多么训练有素的动物也不会读书。只有人会读书。每逢读书时，你就走出自己的心灵，进入另外一个人的心灵中，倾听另一个人的心声。在这个时候，你就开动了自己的脑筋，这是世界上顶有趣的事。

所以，我愿意坐在自己的船里，一遍又一遍地读那本书。首先我会思考，想想故事中的人为何如此作为。然后我可能会

想，作家为什么要写那个故事。以后，我会在脑子里继续这个故事，回过头来品味我最欣赏的一些片段，并问问自己为什么喜欢它们。我还会再读另一部分，试图从中找到我以前忽略了的东西。做完这些，我会把从书中学到的东西列个单子。最后，我会想象那个作者是什么样的，全凭他写书的方式去判断他……这真像与另一个人同船而行。

……

随身带一本书，是个很好的习惯。随身带书，可以让那些沉闷的、无所事事的边角料时间也一样变得有滋有味。那种感觉，有时像随身带着一个小宇宙，就算是独自坐在肯德基里解决一顿午餐，也能因手上的一本书将一个人的时光度过得精彩无比，那些漫长的等待也变成可悠然进入另一个时空的好时间。

在游玩时带上一本书，玩累了坐下休息时正好可以看书消遣，疲累也会因书的精彩而消散无踪；购物时带上一本书，逛累了休息时就可以掏出书本来轻松一下；要出远门旅游或度假时，更要带上一本书，即使是一个人的旅途也不会寂寞；在等车、等人或在排队等候时，这段时间是最无聊的，随身携带一本书，等待就不再枯燥难耐了。

无论何时何地，无论要去处理什么事情，请随身携带一本书，它不仅能带给你知识，更能让你养成阅读的习惯，珍惜每一秒时间，品味出不同的风景。

让阅读成为一种习惯

 5. 把读书作为一种生活方式

"人，诗意地栖居在大地上"，这是德国诗人荷尔德林的一句名诗。而通往诗意生活的道路，就是——读书！

能够诗意栖居的人，大都是爱读书之人，读书就是他们的生活方式，是他们生活的场景，也是幸福和快乐的源头。要是哪一天不读书，快乐和幸福也就无处觅踪了。

2014年2月，国家主席习近平在俄罗斯索契接受俄罗斯电视台专访时，坦言"读书已成了我的一种生活方式"，并列举出多项读书的好处，"读书可以让人保持思想活力，让人得到智慧启发，让人滋养浩然之气"。习近平在采访中说："我个人爱好阅读、看电影、旅游、散步。你知道，承担我这样的工作，基本上没有自己的时间。今年春节期间，中国有一首歌，叫《时间都去哪儿了》。对我来说，问题在于我个人的时间都去哪儿了？当然是都被工作占去了。现在，我经常能做到的是读书，读书已成了我的一种生活方式。"

学者杨绛忆及自己的读书经历，有一次父亲问她："如果三天没有读书，感觉怎样？"她说："感觉不好受。""如果一周不读书呢？"她说："那么我一周都白活。"

快乐地阅读，诗意地栖居，这是一种高雅的生活方式，也是一种习惯，一种修养，一种锤炼，一种境界，一种无与伦比的享受。诗意地栖

居，唯有读书可以。要让读书成为一种生活方式，养成良好的阅读习惯是必不可少的前提。养成了读书的习惯，阅读就会成为生活的一部分，须臾难离了。

> 海明威是大家耳熟能详的著名作家。我们都知道他的《老人与海》。他有个很好的写作习惯，就是把每天早上的时间，当成铁的纪律，用来写作。不管头天夜里睡得多晚，一大早他都会走到写字台前，先重读一遍已写好的部分，让自己沉浸到情节中去。随后，他就开始继续新的写作。这样的习惯不仅让他拥有一个诗意的人生，更让他成就了不朽的事业。

一个习惯的养成需要我们持之以恒，需要我们永不言弃。让读书成为一种生活习惯。每天坚持这个习惯，习惯这个生活方式，坚持阅读，就能每天吸取智者精华，你离智者的距离也会随着时间一天天地拉近。

阅读是一种很寂寞的行为，与这种寂寞同在的，是阅读带给我们心灵的独特的感受和触动，以及那种让生命不再单薄、让内心充满喜悦的力量。读得越多，越能感受到眼清目亮、神清气爽，越能体会内心的充实和快乐。把读书作为一种生活方式，生活将会增添无尽的诗意。多读书，读好书，是人生最大的享受。真正的阅读可以忘记周围的世界，让自己在另一个世界里快乐、悲伤、愤怒、平和、浪漫，它是一段段无可替代的完整的生命体验，是任何其他形式和内容都难以比拟的。以读书为生活方式，生活会变得甜美而浪漫。

 6. 持之以恒，切忌半途而废

滴水穿石，积水成渊，习惯的养成贵在坚持。阅读的习惯更需要持之以恒，坚持不懈。一曝十寒或是半途而废，是难以养成良好阅读习惯的，更不可能学有所成。明代学者吴梦祥有份学规：读书须"专心致志，痛下工夫"，如果"或作或辍，一曝十寒"，则虽读书百年，也无成果。故而读书最重要的就是坚持，就是"有恒"。

对于为什么要有恒，荀子在《劝学》里说得非常明白："学不可以已"，学习是不能停下来的：

> 积土成山，风雨兴焉；积水成渊，蛟龙生焉；积善成德，而神明自得，圣心备焉。故不积跬步，无以至千里；不积小流，无以成江海。骐骥一跃，不能十步；驽马十驾，功在不舍。锲而舍之，朽木不折；锲而不舍，金石可镂。蚓无爪牙之利，筋骨之强，上食埃土，下饮黄泉，用心一也。蟹六跪而二螯，非蛇鳝之穴无可寄托者，用心躁也。是故无冥冥之志者，无昭昭之明；无惛惛之事者，无赫赫之功。行衢道者不至，事两君者不容。目不能两视而明，耳不能两听而聪。螣蛇无足而飞，鼫鼠五技而穷。《诗》曰："尸鸠在桑，其子七兮。淑人君子，其仪一兮。其仪一兮，心如结兮！"故君子结于一也。

读书学习最重要的就是终身坚持，要有锲而不舍、滴水穿石的精神，切不可心浮气躁、浅尝辄止、急于求成。否则，不仅欲速不达，更

会徒劳无功。

学贵"有恒",这是无数学者、伟人总结出来的阅读经验,更是人生经验。因为只有"有恒"才能"有成"。

毛泽东主席在湖南第一师范求学时,曾写一联以自勉:"贵有恒,何必三更眠五更起;最无益,只怕一日曝十日寒。"周恩来总理曾说:"有恒心,有毅力,方能成功。"

北宋文学家、史学家欧阳修曾作"计字日诵":如果每日熟读300字,约4年时间就可以把《孝经》《论语》《诗经》等10部书,总字数455865个字全部熟读完。

曾国藩也非常推崇"读书有恒",并且将"恒心"放在极其重要的位置。曾国藩曾数次告诫胞弟,"盖士人读书,第一要有志,第二要有识,第三要有恒",并自我总结:"余生平坐无恒之弊,万事无成。德无成,业无成,亦可深耻矣。……尔欲稍有成就,须从有恒二字下手。"可见,"有恒"两字,是曾国藩受益终身的"法宝",也是他反复总结的经验之谈。

读书必须锲而不舍,持之以恒,决不能时而勤奋时而懈怠,三天打鱼两天晒网。读书要认真,要耐心,要反复地琢磨,要有时间的投入,要几十年如一日持之以恒。有句老话说:"飞瀑之下,必有深潭。"这是说,飞瀑日复一日,年复一年,凭着韧劲,硬是把平地冲成深潭。读书也须有韧劲。读书要天天读,坚持读,方可积少成多,终有所成。就像吃饭一样,"人是铁,饭是钢,一顿不吃就饿得慌"。"板凳要坐十年冷",文章才不会写一句空。

持之以恒,首先要有恒久的决心和毅力,不能三天打鱼两天晒网。读书的恒久决心和毅力,体现在日复一日的用功上,融汇在锲而不舍的努力中。

持之以恒，还要有深钻苦研、深思多想的精神，不能浅尝辄止，不能雨过地皮湿。常言道，学而不思则罔。如果仅仅把书读了，但不求甚解，不去探究精神实质，食而不知其味，即使书读得再多，也往往获益不大。在勤学的基础上，多思才能善用，融会才能贯通，贯通才能更加激发我们读书的兴趣，更容易坚持下去。如果读死书、死读书，只会越读越无趣，越读越不想读，最终坚持不下去了。

持之以恒，要读深读透。不求一目十行读得快。要沉心静气，细品、深悟，把书读薄、读透、读活。读书如涉水，浅者见虾米，颇深者见鱼鳖，尤深者见蛟龙，读得越深越透，越能体会书的精髓，能感受读的快感，也就愈去深读，愈能坚持。

持之以恒，还要学会利用时间。读书既需要整块时间，也要充分利用零碎时间，把等待开会的时间，把候车、候机、候船、候诊的时间"焊接"起来，把这些时间节省下来用以读书，天长日久，功到自然成。

读书要持之以恒，因为读书的功效是缓缓而成的，绝非一朝一夕可见。一年几年一辈子地读下去，读书所带给我们的明理、益智、增趣的意义才显现出来，人生才更充实，更富有情趣。

"合抱之木，生于毫末；九层之台，起于垒土；千里之行，始于足下。"人是一天天长大的，日子是一天天过的，书也是要一页页读的。"冰冻三尺，非一日之寒"，只要持之以恒，坚持不懈，就能磨铁杵成针，就能纳学问于心，就能学有所得，读有所成！

附录：阅读习惯测试

本测验共18道题目，每题有三个备选答案：A.是　B.有时如此　C.否

请仔细阅读每一道问题并如实回答。

1. 你认为自己是一个善于阅读的人吗？
2. 你在阅读时始终怀有一个明确的阅读目的吗？
3. 你在阅读时专门想到文章的段落吗？
4. 对一个熟悉的专题中的任何一段文章，你能迅速而准确地区分其主要论点和支持论据吗？
5. 你扫视一眼就能看到一连串词吗？
6. 读完一本兴趣一般的书，你能对别人讲解该书的要点吗？
7. 你能根据阅读目的和读物性质而变换自己的阅读速度吗？
8. 对非小说类读物，你是否试图找到其主题和论证方法，从而帮助你更有效地阅读这类材料？
9. 读书时你常常考虑作者们不同的写作风格吗？
10. 阅读时你感到头脑中有许多问题冒出来吗？
11. 你认为标点常识和语法知识会帮助你准确地把握意义吗？
12. 你认为自己对所读内容有良好的记忆力吗？
13. 你是重在理解词语表达的意义而不死抠字眼的吗？
14. 你能够不回视而读完长长一节文字吗？
15. 你阅读时能全神贯注而不漫不经心吗？

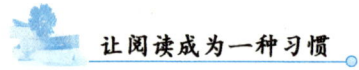

16. 你是词汇量丰富的人吗？

17. 你把阅读看成是生活中不可缺少的组成部分吗？

18. 你视阅读为乐事吗？

评分方法：每题选 A 记为 2 分，B 记为 1 分，C 记为 0 分，将各题分数相加，算出总分。总分在 34 分以上，说明你的阅读习惯非常好；28～33 分，说明你的阅读习惯较好；20～27 分，说明你的阅读习惯一般；19 分以下，说明你的阅读习惯较差，需要改正。

通过对 18 个问题的回答，会使你了解到自己的阅读状态。一个卓有成效的读者应自信地用"是"来回答所有问题。你如果对自己的阅读能力和欣赏能力不甚满意，上述问题可以促使你学会如何有效阅读。